GUIDE-ALBUM DU TOURISTE

Par CONSTANT DE TOURS

VINGT JOURS

SUR LES

Côtes de Normandie et de Bretagne

ET A

L'ILE DE JERSEY

IIO DESSINS D'APRÈS NATURE

PARIS

MAISON QUANTIN, 7, RUE SAINT-BENOIT

Cocher ! à la gare Montparnasse !

LE DÉPART [1]

Aimez-vous voyager ? Nous allons explorer le Golfe des îles normandes, depuis la presqu'île du Cotentin, en Normandie, jusqu'au cap Fréhel, en Bretagne. Sur ces côtes pittoresques, vous rencontrerez : Coutances, Granville, Avranches, Cancale, Paramé, Saint-Malo, Saint-Servan, — Dol, Dinan, —

1. Voir à la fin de l'Album les *Renseignements pratiques* pour ce voyage.

Dinard, Saint-Énogat...; en pleine mer, un *Rocher-Ville :* le Mont Saint-Michel, un *bouquet :* l'île de Jersey.

Voilà qui est entendu. Sans prétentions ni à l'Archéologie, ni à l'Histoire, nous partons pour nous distraire, nous reposer, en un mot, pour nous promener, — en même temps, on apprend à connaître le beau pays de France. Un crayon, une plume, une lorgnette pour tout bagage, en dehors d'une légère valise : des vêtements commodes, un peu d'argent et le cœur content, voilà comme nous quittons Paris.

Pourvu que notre *sapin* ne nous fasse pas manquer le train ! Son allure ne nous rassure guère. Il nous est arrivé, un jour, d'être voituré par un cheval étrange. Cet animal avait peur du soleil et le fuyait à toutes jambes, mais pour s'arrêter *net,* aux lignes d'ombre, à chaque coin de rue, comme un âne devant un ruisseau.

Cocher, plus vite !

Enfin ! nous voici à la gare.

Notre excursion durera VINGT JOURS. Nous pourrons ainsi tout voir sans fatigues, sans hâte.

Décidés à nous arrêter plus longtemps dans les endroits qui nous plairont, nous fuirons avec empressement ceux qui ne seront pas de notre goût.

Notre carte et notre plan, vous les connaissez ;
ils sont modifiables, d'ailleurs, à votre gré : quatre
ou cinq jours en Normandie pour quelques bains de
mer ; cinq ou six jours à Jersey « l'idylle en pleine
mer » qui nous attire hors de France et où nous verrons les Anglais chez eux ; huit jours sur les plages
de Bretagne, avec une excursion à Dinan, au Mont
Saint-Michel et dans les villes environnantes. Enfin,
deux jours pour l'aller et le retour. Nous comptons
largement, et si le temps vous presse, vous pourrez faire ce petit voyage en moins de vingt jours.

Heureux de partir, on est heureux aussi
d'échapper au tourbillon de la vie de Paris, et de
fuir la chaleur lourde des jours d'été. Quelle jouissance de pouvoir penser en toute liberté, à son aise,
pendant que le train vous emporte d'un pays à
l'autre à travers la campagne ; ou mieux encore au
bord de la mer, dans le flamboiement du soleil couchant, et, plus simplement, comme dit la chanson,
au clair de la lune !

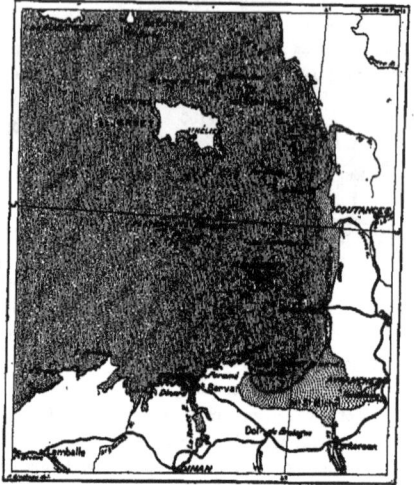

Le Golfe des îles normandes.

Le train siffle. En route! On sort des fortifications. Voilà le gai Meudon, Belle-vue, Sèvres, que nous découvrons des hauteurs sur lesquelles nous roulons à grande vitesse. Puis, Versailles ; quinze lieues plus loin, Dreux.

Nous passons sur de petites rivières dont les noms peu connus nous amusent. Laigle! Cinq minutes d'arrêt! Nous voilà au milieu de la gracieuse vallée de la Rille. A partir de là, le train continue sa marche dans une campagne verdoyante et boisée, à travers de riches pâturages : c'est le département de l'Orne, avec Argentan au centre. Il s'étend jusqu'au delà de Flers, placée sur un joli coteau, à sept lieues de Vire, où l'on entre dans le département de la Manche.

Meudon.

Itinéraire.

Après Folligny, à l'embranchement de la ligne de Bretagne, nous sommes à GRANVILLE.

A GRANVILLE

La gare est située à mi-côte d'une colline : LE CALVAIRE. Prenant à droite la route en pente, on arrive à la basse ville, d'où la rue Lecampion conduit au port.

La première impression n'est pas sans quelque tristesse. C'est que les frais paysages de Normandie ne préparent pas à l'aspect monotone de la petite ville des côtes ; les landes de Bretagne et les trente lieues de sapinières des pays basques disposent bien mieux à l'approche de l'Océan.

En ce moment, les bassins sont à sec ; la vieille Rue-du-Port est sans mouvement ; les bateaux

Le Port.

de pêche, inclinés sur le flanc, ont un air lamentable. Dans quelques heures, tout cela changera ; les vagues victorieuses rendront la vie à ce désert.

Le môle de Granville, qui arrête les sables que la mer apporte du large, est un des plus grands de France. Il a six cents mètres de long. De son phare, on découvre une partie des côtes, et Saint-Pair.

Au fond des bassins, derrière les maisons du quai, part un beau chemin, véritable boulevard, qui serpente jusqu'à la haute ville, que domine l'église.

Nous revenons sur la rue, bordée par de petits débits de cidre et par les habitations des marins granvillais, qui font la pêche dans les mers du Nord.

Des ouvriers travaillent dans une cale sèche à la réparation d'un navire.

Allons voir la plage ; nous y trouverons plus d'animation.

En cinq minutes on est à la Tranchée des Anglais, et, passant sous le pont de fer qui relie les deux falaises, on pénètre, en laissant le Casino à gauche et un petit rempart à droite, dans une trouée profonde, dans un large ravin bizarrement déchiqueté.

La mer est loin : c'est l'époque des grandes marées. Mais nous la verrons arriver bientôt,

Notre-Dame de Granville.

GRANVILLE. — LA TRANCHÉE DES ANGLAIS.

enroulant ses flots qui grondent, montant à l'assaut de la terrasse, blanchissant de son écume les roches noires où errent, à présent, quelques patients chercheurs de coquillages ou de crabes.

Demain, jusqu'au pied du Casino elle portera les baigneurs sur ses vagues, à cet endroit où des enfants appliquent en ce moment les principes de Vauban à la construction d'une digue de sable et creusent avec acharnement des trous profonds, au centre desquels ils élèvent une fragile forteresse — nouvelle île Pelée — qu'ils surmontent d'un drapeau! Assis sur la grève, de nombreux groupes sont venus

La Porte de la Ville-Haute.

respirer, en guise d'apéritif, l'air vivifiant de la grande *verte.*

A l'époque des quartiers de la lune, lorsqu'on est en *morte-eau,* la mer, même au *plein,* laisse à découvert une plage plus étendue qu'aux grandes marées, et sa vague est plus douce.

LA VILLE-HAUTE. — Pour monter à la Ville-Haute, on passe sous une vieille et curieuse porte défendue par un pont-levis; on gravit des rues étroites et escarpées.

Empruntons à Michelet cette belle peinture du vieux Granville :

« On peut voir l'Océan par-

tout. Partout il apparaît imposant et redoutable... parfois plus terrible, aux lieux vastes, mais cir-

GRANVILLE. — LA PLAGE PENDANT UNE GRANDE MARÉE.

conscrits, où l'encadrement des rivages le gêne et l'indigne, où il entre violent avec des courants rapides qui souvent heurtent aux écueils. On ne le voit pas infini, mais on le sent, on l'entend, on le devine infini, et l'impression n'en est que plus profonde.

Autour de la Ville-Haute.

« C'est celle que j'avais à Granville, sur cette plage tumultueuse de grand flot et de grand vent, qui finit la Normandie et va commencer la Bretagne.... Granville est normand de race, breton d'aspect. Il oppose fièrement son rocher à l'assaut épouvantable des vagues, qui tantôt apportent du nord les fureurs discordantes des courants de la Manche, tantôt roulent de l'ouest un long flot toujours grossi dans sa course de mille lieues, qui frappe de toute la force accumulée de l'Atlantique.

GRANVILLE. — L'HEURE DU BAIN.

« J'y ai bien souvent goûté la mélancolie du soir, soit que je me promenasse en bas sur la grève déjà obscurcie, soit que, de la haute ville qui couronne le rocher, je visse le soleil descendre dans l'horizon un peu brumeux. La haute ville, fort petite, a sa face du nord bâtie à pic sur le bord de l'abîme, noire, froide, battue d'un vent éternel, faisant front à la grande mer. »

L'église Notre-Dame, de style ogival et construite en granit, occupe le centre de la ville; entourée d'un petit parc, elle surmonte le cap Lihou, avec une belle vue sur la mer.

Sur la falaise.

LE CAP LIHOU. — A la pointe du promontoire s'élèvent les casernes et le sémaphore. C'est du sommet de ces rochers à pic qu'il faut voir la mer, lorsqu'elle est déchaînée, se cabrer dans sa furie, s'abattre sans cesse vaincue par la falaise, emplissant de son tonnerre les cavernes qu'elle y creuse et répandant autour du cap son immense clameur. Nous ferons là de fréquentes promenades.

Par un sentier rustique taillé dans le roc, on va jusqu'au phare, d'où se déroule un magnifique panorama. C'est là que nous venons saluer le bateau qui, tous les jours, vient de Jersey ou se rend dans cette île, dont on dit merveille, et que d'avance nous nous réjouissons d'aller visiter. C'est de là que l'on découvre l'archipel des Chausey, qui compte trois cents îlots ou rochers réunis par des fonds de sable. On peut s'y rendre en louant une barque dans le port.

SAINT-PAIR. — A une lieue de Granville se trouve la longue plage de Saint-Pair. On y va de trois façons : à travers champs, par la rue montante que nous avons descendue à l'arrivée ; le long de la mer, en suivant une jolie route que prend la voiture publique ; ou bien, pendant le reflux, par les rochers et la grève.

La Route de Saint-Pair.

L'église, dont le vieux porche donne sur la grande place, date du moyen âge. Elle renferme de belles sculptures et le tombeau de saint Pair.

A la plage ensoleillée, des baigneurs prennent leurs ébats. Quelques-uns attendent la vague qui vient les chercher sur le sable brûlant.

Des charrettes regagnent la route de Granville, lourdement chargées. Elles viennent chaque jour faire provision du varech qu'apporte la mer et que le vent chasse sur le bord. Aux marées de morte-eau, cette plante desséchée, rabougrie, couvre les roches restées à sec ; pendant les marées de vive-eau, au contraire, elle s'accroche, vivace et touffue, aux flancs de ces mêmes rochers que vient alors baigner la mer. Ils en sont enveloppés, et lorsqu'on parvient à marcher en équilibre sur ce tapis poisseux et glissant, qui dégage une odeur violente, chaque pas produit une crépitation singulière, les boutons en grappe éclatant sous le pied.

La Plage de Saint-Pair.

Sur toute la côte, on se sert du varech, dont on fait une abondante récolte, pour engraisser les terres en y mélangeant du sable humide ; c'est ce qu'on appelle la *tangue*.

DÉPART POUR JERSEY. — Tout à fait reposé des fatigues de Paris, éprouvant cette sorte de bien-être que procurent les bains fortifiants de la mer, qui fouette et fait vibrer le sang, on est tout dispos et prêt à partir pour Jersey, l'attirante Jersey ; non, toutefois, sans une

Granville. — Le Quai d'embarquement pour Jersey.

certaine émotion « inséparable d'un premier début »... sur une mer, depuis deux jours, très tourmentée.

3

Par ces temps de marées exceptionnellement fortes qui jettent des *paquets d'eau* jusque sur la terrasse du Casino, bien des gens dont le plus vif désir était de partir à la découverte de l'île anglo-normande veulent retarder leur voyage. On hésite à quitter la terre ferme.

Un convive de table d'hôte, joyeux compagnon, grand parleur, très connu des habitués de Granville où l'appellent souvent ses affaires, combat à lui seul les hésitations de tous. Il n'a jamais fait de traversée, ses occupations le retenant sur le littoral, mais il affirme avec tant de conviction que la peur du mal n'est que le *mal de la peur,* qu'on ne saurait le contredire. D'ailleurs, ajoute-t-il, pour éviter le malaise, il suffit de regarder le ciel, les nuages ; surtout pas la mer, jamais la mer !

Ce conseil produit un excellent effet. On sait de plus, il faut le dire, que le bateau ne partira pas si la mer est trop grosse : *En cas de mauvais temps,* dit l'affiche de la Compagnie, *le départ n'aura pas lieu.*

Les dames, décidées, vont boucler leurs valises. On s'embarquera, et vogue la galère !

A quatre heures, l'omnibus quitte l'hôtel, chargé de touristes. Il roule avec le fracas de ses vitres sur le pavé cahoteux du vieux port, prend la première jetée à gauche en face de l'église, dont le clocher pointe sur la Ville-Haute, et nous descend à l'embarcadère. Le sifflet du paquebot nous appelle de sa voix stridente.

C'est un joli steamer de la Compagnie anglaise : *London & South-Western Railway Company,* faisant à grande vitesse le transport des passagers et des marchandises.

Des voitures arrivent de différents côtés ; on charge les bagages. Chacun s'empresse au guichet du départ.

L'hélice se met en mouvement : déjà nous sommes loin du quai. En tournant au pied du phare, un léger coup de roulis fait courir une rumeur significative parmi les passagers massés sur le pont du bateau. On gagne le large pour doubler le cap Lihou. Entre temps, à droite, se développent les côtes pittoresques du département de la Manche. La jolie petite plage de Granville, que nous venons de quitter,

Le cap Lihou.   En route pour Jersey.

nous apparaît délicieusement enfouie dans les falaises. Toutes les lorgnettes se retournent vers la gauche ; c'est que l'on découvre, au loin mais très nettement, le Mont Saint-Michel au fond de sa baie.

Le bateau file avec un sensible tangage, par vent debout. Nous gagnons, en titubant, l'avant qui plonge et remonte aussitôt.

Devant nous, les îles Chausey ! Imprudents que nous sommes, nous regardons la mer !

EN MER

Les yeux suivent, émerveillés, le jeu des flots qui s'entr'ouvrent. La Manche, aujourd'hui d'un vert sombre, se coupe en grandes lignes à la crête neigeuse. Les nuages courent là-haut en flocons rapides. Des hirondelles tournoient au-dessus de nos têtes. Ainsi que chante le poète de la Mer :

Leurs pattes à peine
Se voient à leur flanc.
Leur dos est d'ébène,
Et leur ventre blanc.

Leur vol qui zigzague
Fuit, capricieux,
Du ras de la vague
Au plus haut des cieux.

Cependant, notre bateau s'enfonce violemment, puis se relève, grimpant au sommet de la vague. Cela attire, fascine, enivra; le roulis fait le reste. Bref, en vue du plateau des Minquiers, nous n'étions plus dix — sur le pont ou sur la passerelle — le cœur solide et la tête haute. Les autres ne regardaient pas le ciel, au contraire ! Mais il est rare que la traversée soit aussi mouvementée. D'ailleurs, elle est vite faite.

A l'horizon, Jersey devient visible. — Avant une heure, dit un matelot, nous y débarquerons.

JERSEY

JERSEY, sur l'onde docile,
Se drape d'un beau ciel pur,
Et prend des airs de Sicile
Dans un grand haillon d'azur.
VICTOR HUGO, *Contemplations*, I.

Après trois heures de traversée, nous arrivons à SAINT-HÉLIER, la capitale de Jersey. Le paquebot, qui depuis quelque temps longeait la côte sud de l'île, laissant voir, en face, sur les hauteurs, des paysages verdoyants ; à droite, de longues plages ; à gauche, une baie profonde ; et plus près, de redoutables rochers que découvrent les flots qui se retirent, vient de s'engager dans une sorte de rade. Ce petit bras de mer est limité par les ruines curieuses de l'Ermitage et le château Élisabeth, réunis en un seul îlot en forme de digue, et par les deux jetées de granit qui protègent le port.

Passant entre ces deux jetées, nous apercevons sur une montagne rougeâtre le Fort Régent, où flotte le pavillon de l'An-

Soldat anglais.

gleterre et au pied duquel s'abrite la ville. En la voyant ainsi, exposée en plein midi, bien garantie contre les vents froids par les collines qui l'environnent, on a confiance dans l'excellence si vantée de son climat ; on sent qu'il y doit faire bon vivre.

Entrée au port.   Le château Élisabeth.

Le bateau s'amarre le long du quai Victoria. Nous débarquons. Heureuse surprise ! Pas de visite des malles, pas de passeport à exhiber. C'est ainsi que l'on descend du bateau-mouche, les mains dans les poches, à Saint-Cloud ou à Suresnes.

Hommes et choses entrent et sortent librement; voilà une bienvenue aimable. Notre bonne impression persiste ; nous sommes décidément sur une terre hospitalière.

Les omnibus des divers hôtels français ou anglais, de nombreuses voitures de places, rangés en

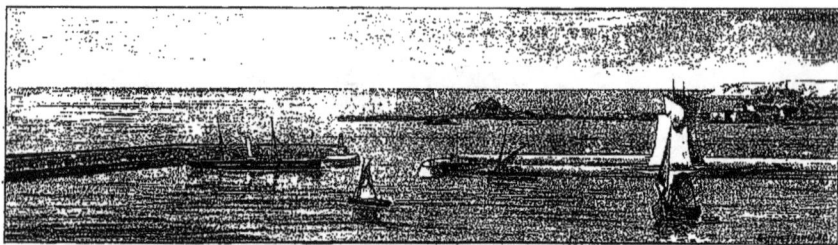

Quai Victoria. — Le Débarquement.

longue file sur le quai, attendent le voyageur. Des commissionnaires prendront votre bagage si vous préférez dissiper en marchant l'espèce d'ivresse que vous devez au roulis. En quelques minutes, vous serez à la grande place, située au fond des bassins.

Partis du même hôtel à Granville, ici l'on se sépare. Les uns qu'effraye la nourriture anglaise, qu'ils ignorent souvent, ou bien qu'ils connaissent trop, choisissent une maison française ; elles sont nombreuses

L'île de Jersey.

à Saint-Hélier. D'autres, curieux des usages du pays, vont droit aux hôtels indigènes. Nous, dont l'appétit est bon, nous n'hésitons pas ; c'est dans un de ces derniers établissements que nous entrons pour apaiser une faim que l'air de la mer vient d'aiguiser singulièrement. Et, grâce à la traversée, plus d'un estomac était vide ! Tout le monde était à table, dans les hôtels de la ville, une demi-heure après l'arrivée du paquebot.

Nous ne vous parlerons guère de la cuisine, dont on s'accommode fort bien. Il n'est pas déplaisant, d'ailleurs, de varier un peu ses menus habituels et de changer sa façon de manger et de boire, au moins pour quelques jours. La boisson de table dans les maisons anglaises, est la bière ou le cidre, le lait, le thé, le thé au lait, voire même le café au lait. Il y a bien un agrément culinaire, dont on paraît abuser un peu. C'est une certaine

JERSEY. — LA VILLE DE SAINT-HÉLIER.

sauce blanche qui revient, impitoyable, dans un même repas, avec le poisson, avec la viande, avec les légumes ; mais on est libre, après tout, de n'en prendre qu'une fois pour rompre la monotonie de cet assaisonnement. Sur la table, qu'ils égayent, de magnifiques bouquets d'hortensias mauves, de gros camélias blancs, de surprenants lis rouges et roses, comme on n'en voit pas en France et que tous nous prenons d'abord pour des fleurs artificielles mises là en parade, donnent un avant-goût des beautés naturelles de l'île.

Deux gentilles *Jersiaises* — les filles mêmes de la maison — font le service. Elles sont aimables et souriantes, un peu francisées, sans doute, par l'habitude de recevoir nos compatriotes ; mais Anglaises à coup sûr.

> Leur long corps se tient — veuve ou vierge —
> Droit comme un cierge,
> Et ce sont toutes des garçons
> Par leurs façons,

a dit un poète.

Gardez-vous de croire que le sexe « dont la reine Victoria est l'ornement », *suivant le mot des Jersiais*, soit sans séductions. Victor Hugo, qui a vécu dans les îles normandes vingt longues années, lui a rendu cet hommage : « C'est

Le Policeman de Saint-Hélier.

JERSEY. — LA VILLE DE SAINT-AUBIN.

un sang particulièrement attrayant que celui de Jersey et de Guernesey. Les femmes, les filles surtout, sont d'une beauté fleurie et candide. C'est la blancheur saxonne et la fraîcheur normande combinées. Des joues roses et des regards bleus. »

Les musiciens ambulants à Saint-Hélier.

Tout à coup une *douce* musique se fait entendre. Douce quelquefois à la façon de celle que les ours semblent préférer; d'autres fois, aux accords de bombardes. Nous courons aux fenêtres pour jouir du spectacle de ces concerts improvisés. Ce sont toujours quatre ou cinq Allemands, à en juger *de visu* et *de auditu,* musiciens en tournée que conduit un chef d'orchestre aux gestes extravagants et qui transportent de rues en rues, sur de lourds trépieds, leurs non moins lourdes partitions.

Mais il faut s'habituer à entendre tous les soirs, pendant le dîner, ce même quatuor, qui tout d'abord paraît troublant pour la digestion. — Notre hôte nous offre gracieusement, au sortir de table, de nous montrer la ville. On accepte pour ne pas lui être désagréable; mais avec l'idée de prendre bientôt congé de lui pour recouvrer la liberté si chère au touriste!

Sur la grande place de Saint-Hélier se trouve l'embarcadère de la petite ligne de Saint-Aubin, qui file vers l'ouest ; la gare de Gorey — la ligne de l'est — est à quelques minutes de là. Le port est en face, l'Esplanade à droite, le Fort Régent à gauche, et plusieurs rues partent de cet endroit vers le centre de la ville.

C'est aussi sur cette place que se réunissent, tous les jours, les voitures d'excursions qui, chargées de promeneurs, se dirigent sur les différents points de l'île.

Lorsque nous arrivons dans King-Street, il est huit heures. La chaussée est envahie par une véritable cohue. Où va tout ce monde? Y aurait-il un feu d'artifice tiré par la garnison au Fort Régent? Point. C'est tous les soirs, pendant une heure ou deux, même affluence dans cette rue lorsque

Saint-Hélier. — King-Street, le soir.

le temps est douteux, ou sur la jetée par les chaudes soirées d'été. De toutes jeunes *misses* en promenade, et dont l'allure dit clairement les intentions, marchent trois ou quatre ensemble, bras dessus bras dessous, toujours prêtes à s'arrêter pour *flirter,* le plus souvent avec quelque soldat.

Par-ci, par-là, quelques mines éveillées, un laisser-aller qu'on ne s'attend à trouver chez aucune Anglaise. Mais où est l'élégance de nos Parisiennes ? Il est sage aussi de ne pas regarder aux pieds, ou pourrait le regretter !

Le jeune cavalier ne manque pas d'un certain *chic*, avec sa toque sur l'oreille, la jugulaire sous le menton, sa *red jacket* pincée à la taille, et son éternel *stick* qu'il fait siffler dans l'air. Mais il est surtout poseur. Notre petit troupier français, de taille certainement moins fine, paraît bien plus entreprenant auprès de sa payse. Par contre, il n'encombre pas les rues de ses *débordements!*

« Est-ce donc un titre d'honneur que ce sobriquet de Cythère, jeté à Jersey par la presse et les touristes ANGLAIS? Sous le prétexte de liberté, est-il excusable de laisser envahir la rue? » Ainsi s'exprime M. Pegot-Ogier, dans son intéressante *Histoire des îles de la Manche.*

Il semble, en effet, sans être trop rigoristes, que cette licence est pour le moins encombrante. Passons. Après tout, on peut encore se faufiler à travers ces groupes, et ce n'est pas nous qui demanderons la création, à Jersey, des sergents de ville qu'elle ne nous envie pas. S'ils s'ajoutaient — en escouades serrées, suivant l'usage, — à cette foule compacte, la circulation deviendrait alors tout à fait impossible. Du reste, il y a à Saint-Hélier UN *policeman,* et il suffit.

Arrivés à *King's arcades,* notre cicerone est tout fier d'en montrer les galeries à des Parisiens. « C'est notre Louvre, » dit-il. Ce nom évoque, un instant, dans notre esprit, l'image de quelque riche Musée du Prado. Ces Jersiais ont donc tout ! Nous sommes vite rassurés : il voulait parler des Magasins du Louvre. Ceux d'ici, très vastes en effet, s'étendent sur toute la longueur du passage auquel ils ont donné leur nom.

Sur plusieurs points,
des concerts ou des soirées
musicales et chantantes.
Des *titis* indigènes, un
énorme cigare aux lèvres,
en distribuent les pro-
grammes dans les rues.

La Cour royale.　　　La Baie de Rozel.　　　Le Marché de Saint-Hélier.

La plus grande partie de la société insulaire se compose de riches familles anglaises, de fonction-
naires en retraite, de *smalas* de commerçants en villégiature, qui viennent jouir du climat exceptionnel
de l'île. Tout ce monde, calme et plein de raideur. Pendant la belle saison, de nombreux touristes apportent une vie plus bruyante et sans façons dans
la ville de Saint-Hélier.

Il ne faut pas arriver à Jersey avec l'idée
préconçue d'un ciel toujours pur de nuages,
— ce soir, ils roulent noirs et menaçants,
— il y pleut volontiers, au contraire, et le
bleu perpétuel du ciel n'y est qu'une agréable
légende. C'est, néanmoins, un climat privi-
légié et où, assure-t-on, les maladies perdent
beaucoup de leur acuité. Sachons-lui gré de
cette influence bienfaisante.

Un cab de louage.

« L'heureux climat des îles est le résul-
tat de leur situation dans un golfe où les plus hautes marées de l'Europe précipitent les eaux chaudes du
Gulf-Stream deux fois par jour ; les îles sont des terres au *bain-marie*, où les variations de l'atmosphère
n'ont que peu d'influence sur la température [1]. »

N'est-ce pas déjà beaucoup qu'un éternel printemps ?

1. *Histoire des îles de la Manche*. Plon, éditeur.

LA BAIE BONNE-NUIT.   LA BAIE DE BOULEY.

5

Après une promenade dans les rues de la ville, nous nous trouvons au fond de la jolie baie de Saint-Aubin, sur le quai de l'Esplanade. A gauche, en revenant vers la grande place, passe la voie du chemin de fer de l'Ouest ; tout le long de la ligne, de jolies villas bordent le quai, regardant la mer. Il y a deux heures, dans sa furie, elle embarquait jusque sur les wagons du petit train de Saint-Aubin ; maintenant, du haut de la terrasse, on entend le bruit sourd qu'elle fait au loin. C'est le reflux, et déjà la grève est à sec sur une étendue de plusieurs centaines de mètres. On distingue à peine dans la nuit le mouvement apaisé des vagues qui baignent le château Élisabeth. Debout sur son rocher, ce fort, qui avance en mer, montre la silhouette fantastique de ses murailles. Derrière lui, on devine l'Ermitage, la retraite où vivait — il y a neuf cents ans ! — saint Hélier. De la fenêtre de l'hôtel nous apercevons le phare qui projette dans l'ombre la lumière de ses feux tournants, et bientôt nous nous endormons avec la vision charmante de la petite île qui nous abrite au milieu de l'Océan.

L'Aiguille de Plémont.

LES EXCURSIONS DANS L'ILE. — Aujourd'hui le soleil est radieux et invite gaiement à jouir de ses rayons. Il y aura foule de tous les côtés.

On peut visiter l'île de bien des manières. A pied, en faisant de ravissantes promenades au

JERSEY. — SAINTE-BRELADE.

LA COUPÉE, d'après une photographie de Charles Hugo.

milieu des sites les plus pittoresques et les plus variés, dans les campagnes fleuries ou sur les plages d'un sable fin. Parfois, on croirait errer dans les allées ombrées et tortueuses d'un parc immense.

A chaque instant, les paysages se modifient. Au sud ce sont des champs de fleurs, comme en Hollande, dans le pays de Haarlem et de Blumendhal : des hortensias, des lis aux couleurs chatoyantes, des camélias gros comme des arbres ; puis le myrte qui grimpe comme la joyeuse treille de Touraine, encadrant portes et fenêtres. Ici, des fermes, au parquet de sapin d'une propreté exquise, dont la pièce d'entrée, sorte de salon où l'on fait la lecture, est réservée à la réunion de famille. Là, des vergers, de riches prairies ; des pommiers chargés de fruits, que les excursionnistes ne se privent pas de soulager de leurs trop pesants fardeaux ; des poires énormes ; des vignes ! des blés dorés ; des choux hauts comme des

L'ÉTACQ.   — JERSEY —   LA COLLETTE.

arbustes, dont la spécialité est de *produire* la « canne-chou », le souvenir de Jersey que ne manque pas d'emporter le touriste.

Dans le Nord, pas de culture, pas de végétation : une nature sauvage, des collines couvertes de bruyères comme en Bretagne ; des bois, des précipices de granit rose ; sans parler de l'Océan qui vous environne, des falaises, des grottes profondes où s'amassent des galets multicolores.

Jersey est, sans contredit, un paradis terrestre qui renferme en miniature toutes les beautés naturelles éparses dans les autres contrées et dont les panoramas sont d'une variété infinie.

Jersey dort dans les flots, ces éternels grondeurs,
Et dans sa petitesse elle a les deux grandeurs.
Ile, elle a l'océan ; roche, elle a la montagne ;
Par le sud Normandie et par le nord Bretagne.

Plusieurs sociétés d'excursions ont divisé l'île en coupes réglées : leur programme est arrêté de telle manière qu'en trois jours, de grands chars à bancs vous promènent dans l'île entière. Un guide passe à l'hôtel le matin, vous inscrit et revient le soir pour se faire payer... mais aussi pour vous offrir une épreuve photographique du groupe dont vous faisiez partie et au milieu duquel vous avez été pincé par un *instantané,* comme disent les photographes.

On peut encore prendre des voitures de famille, dont le prix se fait pour la journée, et des voitures à la course ou à l'heure. Nos peu gracieux cochers de fiacre ont fait place ici à de véritables gent-

GRÈVE DE LECQ

LE PAVILLON.   LES CAVES.

lemen aux favoris aristocratiques. Ceux-là, toujours de votre avis, répondent invariablement, du haut de leur siège qu'ils occupent avec dignité, *yes* à toutes vos demandes.

Enfin, deux lignes de chemins de fer courent le long de la côte sud : de Saint-Hélier à Montorgueil à l'est ; de Saint-Hélier à Saint-Aubin à l'ouest. Arrivé là, on prend une autre petite ligne conduisant aux Corbières.

Les trajets sont de vingt à vingt-cinq minutes ; les wagons sont commodes ; on a toute liberté de descendre à chaque station intermédiaire

Notre voiture à la Grève de Lecq[1].

1. La photographie d'après laquelle nous avons fait exécuter ce dessin a été prise au Pavillon de la Grève de Lecq. Nous l'avons achetée à la maison Baudoux, que nous recommandons tout particulièrement aux touristes désireux de rapporter quelques belles vues de l'île.

LE PHARE DES CORBIÈRES — JERSEY — LE CHATEAU MONTORGUEIL.

avec son unique billet d'aller et retour pour les points extrêmes. Nous vous le disons, en vérité, Jersey est un pays de cocagne !

Le troisième jour après notre arrivée, nous étions parfaitement acclimatés. Au dîner, de nombreux voyageurs venaient s'asseoir à la table d'hôte, plus garnie que de coutume; nous ne dirons pas plus bruyante : nos convives étaient tous Anglais. Ils s'y tenaient, ainsi que dans la rue, corrects, graves comme des clergymen, sans une parole, sans un sourire, en un mot, pas du tout réjouissants à voir. Mais ils mangeaient de fort bon appétit, dégustant à petites gorgées d'énormes bocks de lait.

Quelques places étaient inoccupées à côté de nous ; les nouveaux venus, tous fils d'Albion, la blonde, avaient évité de s'y asseoir. Pourquoi? Sans doute par discrétion, ayant reconnu que nous n'étions pas sujets britanniques.

Du bruit à la porte : ce doit être des Français. Tout juste ; notre fine servante les place hardiment auprès de nous. Quelques jeunes filles, deux dames et leurs maris : tout ce monde, aimable et souriant.

Ils viennent de France ! Jugez de notre joie, il y a trois jours que nous sommes sans nouvelles de la mère-patrie.

« Avez-vous fait une bonne traversée? hasardons-nous à notre voisin. — Horrible ! monsieur, exclame notre compatriote. Figurez-vous que nous arrivons de Batignolles! continue-t-il, par un *train de plaisir!* La mer était mauvaise, mais nous n'avons que quatre jours à dépenser, et nous avions juré d'accomplir ce voyage malgré les éléments déchaînés contre nous. C'est pourquoi nous sommes ici ». Et les dames, maintenant remises, de nous raconter leurs malheurs gaiement, avec cette joie un peu nerveuse que donne la satisfaction d'être arrivé au port. Elles remarquent bien qu'on mange ici beaucoup de sauce blanche ;

mais elles s'y feront. Pour nous, nous en demanderions ce soir-là, même au dessert, tant elle nous semble réussie. Le concert ambulant de l'inévitable quatuor paraît, lui aussi, d'un entrain fou. Et le dîner se termine en éclats de rire.

Cependant nos Anglais — les derniers arrivés — n'ont pas l'air content ! Peut-être sont-ils gais *intérieurement*, mais pourquoi ne le font-ils pas voir ?

Jersey est un pays délicieux; on y regrette seulement la bonne gaieté française.

Les Courses à Grouville.

Tous les jours on fait de nouvelles. promenades. Devant les yeux charmés défilent les beautés de l'île, dont vous trouverez, semées dans ces pages, les vues les plus curieuses.

Vers l'Est. —Sur un square bien planté, en prenant à la gare de l'Est votre billet pour Montorgueil, vous rencontrerez d'abord George Town où l'on se baigne ; ensuite, Samarès avec son curieux rocher ; Pontac et son magnifique jardin, d'où l'on découvre les larges baies environnantes ; le champ de courses de Grouville, puis Gorey, joli port de pêcheurs où viennent s'abriter, deux fois par semaine, les vapeurs qui font le service entre l'île et Carteret, notre petite station du département de la Manche. Et tout le long de cette côte, une ceinture infranchissable de rochers.

MONTORGUEIL. — A quelques minutes de Gorey, Montorgueil, la vieille forteresse romaine aux ruines imposantes sans cesse battues par les flots, dresse, en face de la France, sa silhouette pittoresque et jadis redoutable. Sur la première porte, on lit cette inscription : *Edowardus rex, Dieu et mon Roy, 1593.* Assis à l'embrasure d'une des meurtrières, vous distinguerez, dans la brume des côtes, notre belle cathédrale de Coutances, dont les deux flèches élancées semblent percer le ciel. A vos pieds, à gauche, la jolie baie de Sainte-Catherine et son petit port ; à droite, la plage de Grouville, *fertile* en coquillages.

LA TOUR DU PRINCE. — A travers de jolies routes en berceaux, on se rend à la Tour du Prince. De sa plate-forme, on découvre l'île entière. Vous pourrez vous renseigner sur la route à suivre dans une ferme ou auprès des paysans que vous apercevrez dans la campagne — et cela en *français*, car beaucoup parlent le français le plus pur, alors que dans la capitale de l'île vous serez parfois embarrassé pour vous faire comprendre.

VERS L'OUEST. — Un autre jour, on suit la ligne de l'Ouest, pour aller à Saint-Aubin, l'ancienne capitale de l'île. Sur la route, Cheapside, la deuxième plage avec cabines. De la pointe peuplée de lapins qui s'appelle Noirmont, on revoit Saint-Hélier et son port. Ensuite, on passe par La Moye, Sainte-

— JERSEY —

LA TOUR DU PRINCE. EN EXCURSION.

Brelade, où se trouvent les restes, convertis en grange, de la plus ancienne chapelle de l'île, et l'on poursuit jusqu'au PHARE DES CORBIÈRES. Si la mer est forte et que le flux, dans sa prodigieuse vitesse, fasse briser à vos pieds, sur ce désert de roches, la longue ligne de ses vagues menaçantes, vous aurez vu un des plus beaux spectacles que l'Océan puisse offrir. La marée court en une heure de Cherbourg au Havre !

Au nord, vous trouverez, depuis l'est, Rozel bay, Bouley bay, Bonne-Nuit bay, les carrières de granit rose du Mont-Mado, véritables précipices au milieu desquels les voitures s'engagent. Puis, le Trou du Diable, Creux de Vis ou Devil's Hole, où vous suivrez, tremblant sur vos jambes, d'intrépides Anglaises qui s'accrochent comme des chèvres aux falaises à pic. Une rampe primitive, faite d'une mauvaise corde attachée tant bien que mal à des piquets branlants, vous conduira au fond du gouffre.

Nous avons eu la chance d'assister là, abrités par des rochers, à un violent orage dont les éclairs embrasaient l'île et que la voûte sous laquelle nous nous étions réfugiés grossissait de son écho. Ne nous en veuillez pas de vous en désirer un pareil.

De retour sur les sommets, vous apercevrez GUERNESEY et SERK, sur lesquelles nous jetons un regard d'envie.

En se dirigeant vers l'ouest extrême, on rencontre la Grève de Lecq dont les caves sont très curieuses, quoique périlleuses à visiter; plus loin, Plémont et ses gorges, plus loin encore, l'Etacq ; enfin, la baie de Saint-Ouen.

A LA GRÈVE DE LECQ. — A notre premier voyage au nord de l'île, notre char à bancs était chargé

LE TROU DU DIABLE
CREUX DE VIS
OU
DEVIL'S HOLE

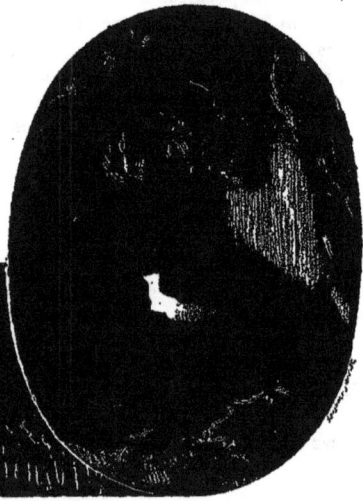

à faire craquer ses essieux. Il y en avait un autre aussi complètement bondé — la concurrence — qui marchait tantôt devant, tantôt derrière nous. Tout le long de la route, abattant des pommes, coupant des « Jersey Cabbage Stalk Walking Sticks », vulgairement cannes-choux, fumant les excellentes cigarettes « Richmond Gem », les perles de Richmond, ou de gros cigares qui sentaient bon, nos Anglais, accompagnés par la guitare d'un joyeux guide et qui semblaient vouloir se départir de leur *decorum* habituel, chantaient à gorge des plus déployées le *God save the Queen* et autre chant non moins patriotique ou national. Arrivés au Pavillon de la Grève de Lecq, où nous reviendrons nous rafraîchir et où l'on fait une halte d'une heure, hommes et femmes, toute la bande descend rapidement vers la plage. Nous suivons: cet empressement inaccoutumé nous promet quelque spectacle curieux qu'il ne faut pas laisser échapper.

En effet... nus comme la main, nus comme Adam avant la faute, les hommes, sous nos yeux étonnés, se mettent à la mer. De leur côté, les charmantes *misses* qui font partie de la caravane se dissimulent à peine derrière quelques petites roches détachées de la falaise, passent une chemise légère qu'elles ont dans leur poche comme un mouchoir de batiste et se baignent tranquillement à quelques mètres de là.

D'autres groupes s'assoient dans le voisinage, sur les dunes, pour contempler la nature à l'aide de ces puissantes jumelles marines si justement renommées en Angleterre.

Nous avons revu plusieurs fois depuis cet original tableau. *Shoking !* dira-t-on. Eh ! mais, n'ont-ils pas raison ces heureux Anglais de s'affranchir de la convention gênante qui nous condamne au maillot pour courir à la vague? Et si cette vue nous offusque, n'y allons pas. A Jersey, rien n'est plus facile :

des voitures, exclusivement chargées de Français, partent avec un guide français, et personne ne se baigne.

Le bain à la Grève de Lecq.

Il nous semble plus intéressant de se mêler aux Anglais, puisqu'on vient ici pour les voir chez eux.

Après le bain, les hommes courent sur la grève pour se sécher ; puis, ils s'habillent, assis sur le sable, sans se presser, avec le flegme qui leur est propre. Les *lovely girls* quittent la mer et s'habillent

7

à leur tour. Puis, tous regagnent le Pavillon. Sur une longue table chargée de *cold meats*, viandes froides de toutes sortes, de *pickles*, et de desserts variés, un pantagruélique *lunch* les attend. Pour apaiser leur solide appétit, plusieurs renforcent encore de petits gâteaux de poche, dont ils sont toujours munis, cette collation, qu'ils arrosent de *pale ale and porter* ou de *stout,* une bière nourrissante quoique *apéritive !*

Si vous ajoutez à cela que toutes les opinions politiques et religieuses ont leurs clubs et leurs temples à Jersey, que le commerce y est affranchi de taxes, que les vaches s'y payent jusqu'à dix mille francs pièce, que la justice y est gratuite, que les lois y sont plus libérales que partout ailleurs, que le beau pays de France n'est qu'à huit lieues de là, que les cigares sont exquis, que la vente des tabacs les plus étranges et des allumettes les plus inflammables est absolument libre, que les maisons n'ont que deux étages, que les rues sont bien pavées, que les cochers sont courtois, qu'il n'y a pas de police, pas de concierges, pas de douaniers, pas de gendarmes et *par conséquent* pas de voleurs ! vous reconnaîtrez avec nous que ce petit peuple est le plus heureux de la terre et que son existence, sans entraves d'aucune sorte, tout authentique qu'elle soit, nous semble, à nous autres gens de Paris, un *Conte des mille et une nuits.*

Voici, d'ailleurs, les renseignements officiels :

L'île a cinq lieues de long et deux lieues et demie de large. Sa population est de soixante mille habitants, dont la moitié pour Saint-Hélier. Elle s'administre elle-même sous le protectorat de l'Angleterre. Mais c'est une protection douce, qui n'a rien de tyrannique et rappelle notre exergue fameux : Dieu protège la France !

Un gouverneur y représente Sa Majesté. Jersey a son parlement et sa cour royale ; elle est divisée en douze paroisses, c'est-à-dire en douze républiques possédant chacune ses *churches* — temples ou

Les bords de l'île, d'après une photographie de Charles Hugo.

églises, — son recteur, son connétable, son député, son juge à la Cour. Le connétable est à la fois maire, juge de paix, commissaire de police, percepteur des contributions, etc. Et toutes ces fonctions sont purement honorifiques !

Quarante-deux sectes religieuses y
nous croyons qu'il y faut ajouter
culte possède son temple ou

« Il n'y a pas de
se commette moins de
tentats à la liberté, où
occupée, où la vindicte
faire. On a vu chômer
pas rare de voir la cour
séance faute de délin-

Il n'y a donc au-
la peinture que nous
vie heureuse des habit-
dant, il faut dire toute
trouvé un *pick-poket*, ou
Notre aimable hôtelier, pour
lectionneur, nous avait accom-
ancien marin, qui passait pour
pièces de monnaie des pays

Les Gorges de Plémont.

professent librement leurs doctrines. Et
encore l'*Armée du Salut!* Chaque
sa chapelle.

pays en Europe où il
crimes, de délits, d'at-
la police (?) soit moins
publique ait moins à
les assises, et il n'est
des délits lever la
quants [1] !

cune exagération dans
vous avons faite de la
tants de Jersey. Cepen-
la vérité. Nous y avons
plutôt une voleuse!
satisfaire à nos goûts de col-
pagnés dans un *bar* tenu par un
avoir rapporté de curieuses
les plus exotiques. C'était

1. PÉGOT-OGIER. *Histoire des îles de la Manche.*

une réputation usurpée : il n'avait chez lui rien de rare. Mais tandis que, penchés sur son comptoir, nous cherchions dans l'amas des vieux sous une pièce valant la peine d'être conservée, une femme, au

nez rougi par le *gin*, avait introduit sa main dans la poche de notre hôte — elle avait eu le bon goût de nous le préférer — pour y trouver sans doute un échantillon de la monnaie courante. Le Jersiais, très vexé que la scène se fût passée sous nos yeux, parut regretter beaucoup de nous avoir conduits dans cette galère.

SAINT-HÉLIER. — La capitale de l'île mérite qu'on la visite. Elle a deux kilomètres dans les deux sens; c'est une promenade qui peut être vite faite. Elle possède deux ports : Victoria Pier, où arrivent les bateaux de France; Albert Pier, où débarquent les steamers anglais.

Ne vous attendez pas à y trouver quelque

Victoria Pier, d'après une photographie de Charles Hugo.

architecture remarquable. Elle y est nulle, au contraire; la ville est sans caractère et n'a rien de particulier, sauf... un peu partout, une certaine croisée-guillotine incommode et peu agréable à voir. Mais les rues sont très propres, et les quartiers excentriques charmants.

King-Street, Queen-Street, Broad-Street, ont d'assez beaux magasins, qui n'ouvrent guère avant neuf heures du matin. On voit, en passant, au marché ou dans les boucheries, une *mistress* coiffée d'un chapeau orné de fleurs... quelquefois fanées, ou un gentleman en chapeau à haute forme, parfois brossé à contre-poil, en train de découper pour une cliente *roastbeef* ou *beefsteak* ou de « parer » un gigot.

Sur la place Royale se trouve la Cour ; dans York-Street, l'hôtel de ville. Sur les hauteurs de Charles-Street s'élève Victoria-College, au milieu d'allées touffues, avec une jolie vue sur la ville et le port. Le quartier français est dans Halkett-Street. Enfin, le Fort Régent domine la baie de Saint-Aubin, la ville de Saint-Hélier et la mer.

Les chars à bancs ne partant pour les excursions qu'après le déjeuner, on peut faire de nombreuses promenades matinales. L'une d'elles fut pour nous particulièrement intéressante.

En suivant la belle route de Colomberie-Street, Roseville-Street et le Havre-de-Pas, on arrive dans George Town, à l'entrée de la baie de Saint-Clément. Au loin, les *martellos,* ces tours du moyen âge si caractéristiques et que l'on rencontre de distance en distance sur les bords de l'île, dressent en face de la mer leurs créneaux de pierre. Devant le Casino, la grève d'Azette. A quelques pas de là, *Marine-Terrace.*

MARINE-TERRACE. — C'est dans ce cottage que vécut pendant trois ans, du 5 août 1852 au 2 novembre 1855, Victor Hugo :

« Dans une maison médiocre, sans ombre et sans verdure, mais qui voyait la mer. »

« Elle voyait la mer, dit M. Vacquerie qui l'habitait aussi, parce qu'elle ne pouvait pas faire

autrement ; elle la voyait le moins qu'elle pouvait ;
elle avait eu l'intelligence de se mettre dans un trou.
Du rez-de-chaussée et du premier étage, on avait,
pour se récréer les yeux, un mur au fond et, plus près,
un jardin qui s'excusait sur la bise marine de n'avoir
ni fruits ni fleurs, et dont la faculté imperturbable
était de métamorphoser les rosiers en manches à
balai. Mais entre le jardin et le mur, on avait une
terrasse de cent cinquante pas de long sur trente
de large, d'où le regard buvait à même la grande
coupe. Il fallait seulement que ce fût à l'heure de la
marée..... Lorsque c'étaient surtout les débordements
et les colères de l'équinoxe, alors le spectacle était
vraiment beau. La mer se ruait avec violence sur le
mur tremblant et secouait la terrasse ; elle s'accumu-
lait dans un angle que faisaient une digue en troncs
d'arbres noueux (le *Dicq*) qui continuait le mur,
et un robuste rocher (le *Rocher des Proscrits*) qui
s'avançait dans le sable comme pour nous garan-
tir..... »

Marine-Terrace, d'après une photographie de Charles Hugo.

A cette même époque, Eugène de Mirecourt écrivait la biographie du grand poète : Victor Hugo habite, disait-il, à l'île de Jersey une petite maison anglaise. Dans cette retraite, il s'occupe de travaux littéraires. En ce moment, il achève un volume de poésie, qui aura la forme épique. — C'étaient *les Châtiments!* Les autres ouvrages qu'il a sur le chantier, ajoutait le biographe, sont : deux volumes de poésies lyriques et un grand roman en six volumes et d'un sujet tout moderne, qui a pour titre *les Misères*. — Cela devait s'appeler : *les Contemplations, la Légende des Siècles* et *les Misérables*.

Mme Hugo partageait l'exil de son mari, avec ses fils Charles et Victor et sa fille Adèle.

« Charles Hugo, disait Mirecourt, consacre ses loisirs à prendre des vues au daguerréotype [1]. Il a déjà fait de bien des façons le portrait de son père, qu'il envoie aux amis de France. »

Ce sont précisément ces vues envoyées de Jersey, en 1853, par Charles Hugo, avec de nombreuses dédicaces à son ami Paul Meurice, que nous sommes heureux d'être les premiers à reproduire dans cet album. Nous les devons à la gracieuse obligeance de M. Paul Meurice et nous lui en exprimons ici toute notre reconnaissance.

Deux d'entre elles intéresseront particulièrement nos lecteurs : l'une représentant la digue dont parle M. Auguste Vacquerie, — Victor Hugo appuyé contre les brise-lames y donne l'échelle de leur hauteur; l'autre, qui date de 1853, représente le Rocher des Proscrits, sur lequel le poète assis contemple la mer.

C'est de ce rocher, promenade favorite des exilés, que parle également M. Vacquerie dans les *Miettes de l'Histoire*. Ces deux documents ont été reproduits sans la moindre interprétation; les quelques autres vues qui les accompagnent et que nous signalons dans leurs légendes ont été dessinées de la façon la plus exacte d'après les épreuves qu'a bien voulu nous confier M. Paul Meurice.

1. Nous avons eu en main, non des daguerréotypes, mais bien des épreuves obtenues par les procédés, très peu connus encore, de la photographie, qu'appliquait avec succès Charles Hugo.

Marine-Terrace était
divisée en deux parties.
D'un côté, près de l'établissement des bains chauds,
était le logement de M. Rose,
propriétaire de l'immeuble ;
dans l'autre moitié vivaient
Victor Hugo, sa famille et
M. Vacquerie.

Au rez-de-chaussée se
trouvait le salon, dont les
fenêtres donnaient au-dessus d'une serre dans laquelle
Mme Victor Hugo aimait à
se retirer, pour rêver à la
patrie absente. La petite
fenêtre à l'angle était celle
du cabinet de travail de
M. Vacquerie ; au premier
et unique étage, deux

Le Dicq, d'après une photographie de Charles Hugo.

grandes fenêtres éclairaient la chambre à coucher du poète. De là, Victor Hugo voyait la mer ; mais il pensait surtout à ce qu'il ne pouvait plus voir.

> Je pense
> Aux roses que je semai.
> Le mois de mai sans la France,
> Ce n'est pas le mois de mai.

Jersey n'était pas le dernier exil. L'empire français fit chasser de ce refuge l'auteur des *Châtiments,* qui, le 2 novembre 1855, partit pour Guernesey, quittant pour toujours Jersey, dont il avait dit :

> J'aime cette île solitaire,
> Jersey, que la libre Angleterre
> Couvre de son vieux pavillon.

De Marine-Terrace, en prenant le chemin de la Collette et en suivant le petit sentier qui borde la mer et contourne le Fort Régent, on se retrouve en face du Port.

LE DIMANCHE A JERSEY. — Le dimanche anglais a chez nous une fort mauvaise réputation de tristesse. M. Vacquerie a pris soin de nous en prévenir, et cela fait frémir : « Le dimanche, dit-il, tout est fermé. Les Anglais ne sortent que pour aller au prêche, graves, lugubres, côte à côte, sans se parler, sans tourner la tête. Ils rentrent chez eux et y chantent des psaumes, et les rues n'ont plus un passant,

LE ROCHER DES PROSCRITS, d'après une photographie de Charles Hugo.

et, si vous sortez, la ville vous fait l'effet d'un cimetière où l'on serait seul et dont on entendrait les morts psalmodier. » Brrr !... Nous préférons fuir, redoutant cette *spleenique* solitude.

Le Départ de Jersey.   Le Fort Régent.

Nous tenons à quitter l'île sous l'impression de charme et de ravissement que nous avons gardée pendant toute la semaine, depuis notre entrée au port.

De la pleine mer, nous saluons, avec l'espoir d'y revenir un jour, « ce bouquet grand comme la ville de Londres, où, selon notre immortel poète, tout est parfum, rayon et sourire ».

Vue générale de Saint-Malo.

A SAINT-MALO

DINARD — DINAN — PARAMÉ — CANCALE

Il y a deux heures que nous naviguons, doucement bercés par une mer calme, trop calme peut-être. Nous avons revu les rivages de la presqu'île de la Manche et côtoyé les Minquiers, que les heureux pos-

Saint-Malo. — Le Débarquement.

sesseurs de Jersey appelaient, ces jours-ci encore, une dépendance de leur île, bien que ce plateau nous appartienne et que le bateau-phare dont la cloche d'alarme signale les dangers soit *nôtre*[1]. On aperçoit de nouveau les Chausey ; mais, cette fois, de loin, toujours à bâbord, disent les matelots. C'est aussi de ce côté, qu'en pleine mer, les lorgnettes fouillent l'horizon pour découvrir le Mont Saint-Michel, ce formidable *pivot* autour duquel nous tournons, ce *monstre*, dont la silhouette se profile dans la brume et que l'on revoit souvent pendant ce voyage.

Bientôt, de l'avant du bateau, dans le lointain, se dessine comme un gros navire surmonté d'un mât gigantesque. Le paquebot passe entre des flots aux déchirures bizarres : alors, ce qui semblait un mât est devenu une élégante flèche à jour ; le navire, une ceinture de remparts. C'est Saint-Malo, l'antique ville des corsaires, le Vieux-Rocher.

1. Nous avons en ce moment une mission hydrographique qui opère aux Minquiers pour rectifier quelques erreurs aux cartes dressées autrefois par les hydrographes de la marine française.

C'est bien là que Jean Richepin, le poète
applaudi du *Flibustier,* devait rencontrer son loup de
mer Legoez. Peut-il, en effet, y avoir un *terrien* à
bord de ce grand vaisseau de guerre, qui repose à
l'ancre dans sa baie, comme le *Redoutable* dans
l'avant-port de Cherbourg ou la frégate *l'Austerlitz*
dans la rade de Brest.

Nous avons longé l'île de Cézembre ; nous
ne sommes plus loin du port. L'accès du golfe est
difficile : à gauche, défilent de nombreux récifs,
puis le Fort National, les rochers du Grand-Bey et
du Petit-Bey ; à droite, les coteaux pittoresques de
Dinard ; au fond, Saint-Servan. Après avoir tourné
la pointe du môle, se dressent les remparts massifs
qui font à la ville une sévère ceinture de pierre. Ils
datent du XVIe siècle.

Nous sommes au quai de débarquement, à dix
pas d'une lourde porte percée entre deux grosses
tours. C'est la porte de Dinan, la principale entrée
de la ville. Des douaniers guettent les passagers au

Saint-Malo. — La Porte de Dinan.

bout de la passerelle. Il faut ouvrir sa modeste valise. C'est désagréable, mais on a pris soin de n'y pas mettre ce que l'on ne veut pas montrer : d'excellents cigares et des allumettes qui ne ratent jamais.

Distraits par l'aspect curieux du quai et de cette ville murée, nous laissons un brave commissionnaire prendre notre léger bagage. Nous allons à l'hôtel le plus proche, à l'entrée de la ville; la porte franchie, nous sommes, en effet, dans la cour de l'hôtel. « C'est un franc, » dit l'homme à la plaque de cuivre. Vingt sous pour vingt pas, c'est vraiment un peu cher ; notre hôtesse nous représente *qu'ayant chargé* en dehors de la ville, c'est-à-dire de l'autre côté de la porte, c'est le tarif. Retour inexorable des choses d'ici-bas ! Nous avons trompé la douane, on nous vole. C'est justice, mais nous vous dénonçons ce petit trafic. — Nous voilà dans un château fort, sur un roc vif, au milieu d'une enceinte bastionnée que baigne de tous côtés l'Océan. Partout des rues sombres, sans trottoirs, enfouies entre d'énormes maisons de granit, qui élèvent autant qu'elles le peuvent leurs hautes fenêtres pour regarder par-dessus les remparts et voir encore la mer. Les voies les plus faciles sont la Grande-Rue et la rue Saint-Vincent.

Sur les remparts.

SUR LES REMPARTS. — Il faut faire le tour classique des remparts, dont on constate, d'ailleurs, la propreté douteuse ! Une heure suffit pour se rendre bien compte de la curieuse position de la ville et pour reconnaître ses environs. Ce panorama est d'une grande variété: de l'autre côté du bassin à flot,

Saint-Servan, la voisine, l'ancienne ennemie aujourd'hui réconciliée, en avant de laquelle se dresse la Tour Solidor. En bas, le quai Saint-Vincent, où l'on s'embarque pour Dinard, Dinan et Jersey. Puis, le fort de la Cité qui protège l'entrée du port, que ferme une belle jetée, à l'embouchure de la Rance. Au delà de l'estuaire, la pointe de Saint-Énogat, puis Dinard et ses nombreuses villas délicieusement situées, qui dorment par ce beau temps sur les collines, mais que doit réveiller de ses mugissements la mer, quand elle est déchaînée sur les rochers et les caps. Les grandes marées s'élèvent sur cette côte jusqu'à quinze mètres au-dessus de la mer basse ! En continuant, on trouve le quai Saint-Louis, d'où part le pont roulant allant de Saint-Malo à Saint-Servan et *vice versa* ; le Petit-Bey et son fort ; l'îlot du Grand-Bey, le plus proche de la ville.

Au nord-ouest et au nord, la mer s'étend du cap Fréhel à la pointe du Grouin ; plus près, une foule d'écueils redoutés s'avancent comme pour *défendre* encore les fortifications et la marée s'y précipite en tourbillons violents. L'île de Cézembre, à gauche, est le plus considérable de ces blocs perdus dans le golfe. Au rond-point de l'Est, la Poudrière, puis la grève où l'on se baigne, près du Château, qui relie les remparts. Le casino est situé sur le SILLON, seule digue qui rat-

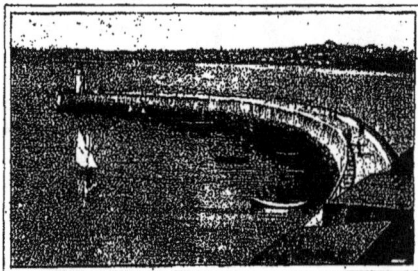

Le môle et Dinard, vus des remparts.

9

tache Saint-Malo à la terre ; cette route, que les flots recouvrent pendant les grandes marées, conduit à Paramé qu'on aperçoit au loin, et rencontre à mi-chemin le faubourg Rocabey. La plage partant du

Saint-Malo vu de la mer.

Sillon s'abaisse en pente douce vers la mer, et, dans la petite rue bordée par l'établissement des bains chauds, elle forme un véritable chaos où viennent se briser les vagues.

Un peu à droite du quai Duguay-Trouin, qui longe le bassin à flot et que défend le Fort Royal, se trouve la gare desservant les deux villes, à égale distance de Saint-Malo et de Saint-Servan. A côté, le port, les bassins, l'arsenal et les usines où l'on arme les navires.

Derrière nous, au-dessus des hautes maisons qui surplombent les rues comme de massives forte-resses, l'église élève son clocher gothique qu'on dirait de marbre blanc

Ensuite, on passe sur la porte Saint-Vincent, au bas de laquelle se trouve la place Chateaubriand, à l'entrée du Château. C'est par là que nous descendons dans la ville, la promenade des remparts terminée.

En pénétrant dans cet amas de ruelles étroites, dont les lumières s'allument, nous sommes frappés par le mouvement qui y règne. La ville a pris tout à coup dans la soirée une physionomie particulière et nous étions loin de prévoir une pareille animation. Des matelots en goguette y circulent comme dans une ville conquise.

Les Parisiens, en costumes légers et coiffés de chapeaux de bains de mer, se mêlent, curieux, à cette foule bruyante.

On le voit, les Malouins aiment les marins, qui se sentent là vraiment chez

La Grande-Rue.

eux. N'est-ce pas leurs pères qui ont découvert les bancs de Terre-Neuve, laissant à leurs infatigables descendants cette mine lointaine à exploiter? Aussi, lorsque vient l'époque de la pêche, on part en nombre, on reste longtemps loin du pays, et quand, au retour, on compte des absents, on les remplace et l'on repart.

LES CURIOSITÉS DE SAINT-MALO. — Au milieu de la ville se dresse la cathédrale, avec sa façade du XVIIe siècle. La grande nef est de style roman ; elle est formée par de gros piliers carrés. Le chœur est magnifique.

Le Château, converti en caserne, domine l'ensemble des fortifications de son enveloppe guerrière. C'est un vaste carré renfermé entre deux tours et deux donjons.

La Maison Duguay-Trouin.   Le Château.

La *Tour Qui qu'en grogne* (*ainsi sera, c'est mon bon plaisir*, selon le mot d'Anne de Bretagne), occupe l'un de ses angles et regarde la mer, du fond de la plage.

Près de là, l'ancienne demeure de Duguay-Trouin, et une foule compacte de maisons des XVIe et XVIIe siècles, dont les fenêtres, à petites vitres, encadrées de sculptures, sont fort curieuses. Sur la place Duguay-Trouin on voit la statue du héros.

LE GRAND-BEY ET LA PLAGE AUX COQUILLAGES. — Pendant la marée basse, en sortant par la porte Saint-Pierre, on descend à la grève de Bon-Secours, et, suivant une chaussée semée de trous d'eau dont les pierres couvertes de goémons sont glissantes, on arrive au pied d'un sentier presque à pic conduisant au sommet du Grand-Bey. Sur ce monticule battu par les vagues qui l'isolent à chaque marée, est couchée, au milieu de quelques bruyères, une large dalle portant ce seul mot : CHATEAUBRIAND.

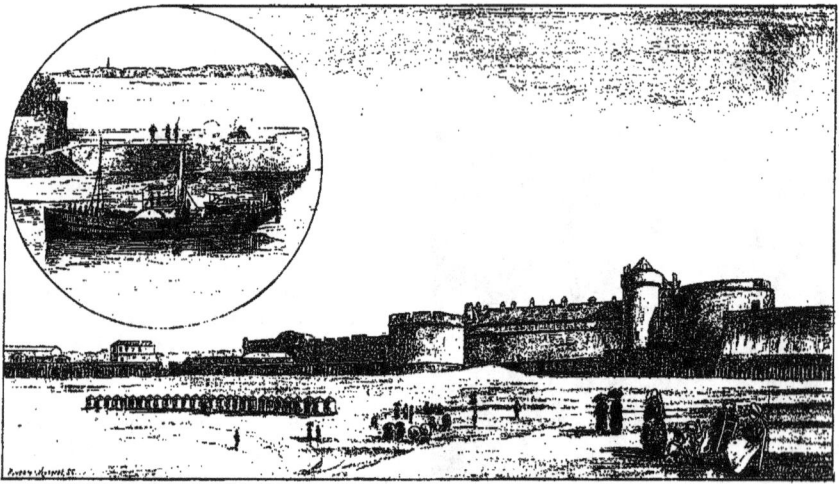

LE QUAI D'ARRIVÉE A DINARD.   LA PLAGE DE SAINT-MALO ET LA TOUR « QUI QU'EN GROGNE. »

C'est ainsi que fut accompli le vœu de l'auteur d'*Itala*, qui avait souhaité d'être inhumé dans un îlot

Le tombeau de Chateaubriand.

de la rade de Saint-Malo, sa ville natale. Une petite grille en fer entoure cette tombe ornée d'une croix de granit. En descendant, nous faisons, pour nos petits amis, une ample provision de coquillages.

SAINT-MALO VU DU GRAND-BEY ET LA PLAGE AUX COQUILLAGES.

Çà et là, une étoile de mer rampe avec lenteur, allonge un de ses bras, puis se tire elle-même en l'accrochant dans le sable. Nous soulevons de grosses pierres pour faire fuir une légion de petits

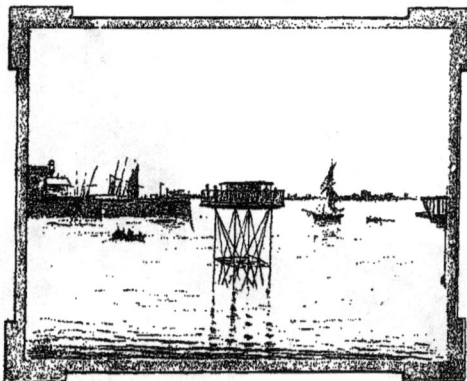

Le pont roulant à marée haute.

crabes aux yeux rouges et saillants ; ils courent s'enterrer les pinces en l'air. Gare aux doigts !
La vague arrive rapide et vient couvrir la digue. On n'a que le temps de regagner l'autre rive.

LA PLAGE DE SAINT-MALO ET LES REMPARTS

Les retardataires accourent, effrayés, et la mer, qui bientôt isolera une fois de plus le Grand-Bey, trempe leurs pieds au passage.

SAINT-SERVAN.— C'est la rivale de Saint-Malo ; plus ancienne, elle étend ses faubourgs et améliore l'un de ses ports pour la dépasser. Saint-Servan possède deux plages et deux ports. Les ruines de la cathédrale d'Aleth — ancien nom de la ville — sont

Le pont roulant à marée basse.

curieuses à visiter. La Tour Solidor, superbe dans son isolement, s'élève à l'embouchure de la Rance, près de la rade où arrive le bateau de Dinard.

Un curieux pont roulant relie continuellement Saint-Malo à Saint-Servan. Sur le fond de la mer, on a posé des rails qui supportent des montants couronnés d'une plate-forme à niveau des quais et munie d'appuis sur ses quatre faces. Une chaîne sans fin, mise en mouvement par la vapeur, opère la traction.

LA VILLE DE SAINT-SERVAN.   LA TOUR SOLIDOR.

DINARD. — Toutes les heures, un joli petit paquebot conduit des deux villes voisines à Dinard, en dix minutes. On accoste à Saint-Servan, à la Tour Solidor; à Saint-Malo, au Grand-Bey à marée haute, et sur le quai Saint-Vincent à marée basse; à Dinard, dans une anse resserrée, au pied de charmantes villas.

De jolies routes bordées par des jardins coquets conduisent aux deux plages, dont l'une est encaissée délicieusement entre deux collines verdoyantes. La côte de droite se termine en falaise sur les bords de la Rance en face de la rade, et l'on découvre de là, Saint-Servan et Saint-Malo. Tout autour de Dinard des sites ravissants; son sable, extraordinairement fin, est foulé par de nombreux baigneurs. On y rencontre quelquefois encore des femmes coiffées du casque antique, presque entièrement disparu de ces régions.

Vous passerez certainement plusieurs jours à Saint-Malo... mais c'est à Dinard que vous vous établirez, sans doute. On y trouve plus facilement que sur le Vieux-Rocher à se loger à l'aise.

Tout à côté de la gracieuse station de Dinard, s'étendent les fraîches vallées de SAINT-ÉNOGAT; deux kilomètres plus loin, SAINT-LUNAIRE.

Les Villas de Dinard.

DE DINARD A SAINT-MALO.

Le Porche de Dol.

DOL. — Nous partons par le chemin de fer pour Dinan, voulant nous arrêter à Dol, à l'embranchement de la ligne de Lison à Lamballe. — Si c'était à refaire, nous prendrions la patache, pardon ! la voiture publique, comme il convient de dire aujourd'hui. — Nous reviendrons par la Rance.

On s'attend à trouver à Dol une ville aux maisons de bois curieusement sculptées. Hélas ! tout est changé, ou à peu près. Mais l'on se rabattra sur la cathédrale qui, elle au moins, n'a pas été modernisée. Quelques rares maisons dans la grande rue ont conservé leurs façades à pignons, leurs colonnes à chapiteaux ornés et leurs fenêtres en plein cintre. Nous nous donnons le plaisir d'aller déjeuner dans l'une d'elles : une sorte de boucherie-restaurant dont les arcades en granit abritent un étal où l'on débite la viande aux clients.

La Cathédrale, qui date du XIII° siècle, est admirable. Un porche magnifique précède la grande porte. Les colonnes en faisceaux de la nef, les ogives des fenêtres, la riche verrière du chevet, la double colonnade qui encadre le chœur, les galeries découpées dans l'épaisseur des murailles offrent un ensemble d'une grande beauté. Cette église possède un des plus remarquables tombeaux de la Bretagne.

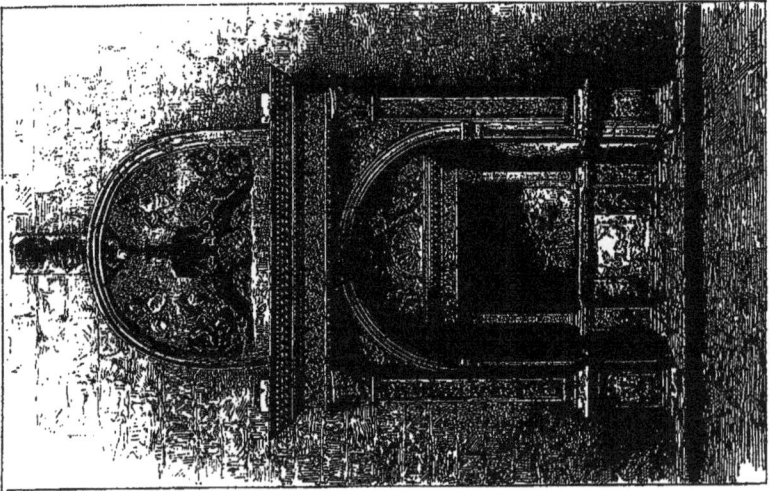

LE TOMBEAU DE LA CATHÉDRALE DE DOL

Une porte de la rue de Jerzual.

DINAN. — Après avoir traversé sur le pont de Lessart, à une hauteur de quarante mètres, la jolie vallée de la Rance, le train s'arrête sur des collines qui dominent le cours capricieux de cette ravissante rivière.

On ne peut s'imaginer le charme de ce panorama gracieux autant qu'il est immense. Ce n'est plus l'animation bruyante du Vieux-Rocher, et l'entassement de ses maisons qui étouffent. Ici, tout est calme et l'on respire à l'aise dans une atmosphère d'une pureté délicieuse, que le beau ciel dont nous jouissons enveloppe de sa radieuse clarté.

Sur une large place s'ouvre le portail roman, à trois arcades ornées de statues, de l'église Saint-Sauveur. Sa flèche plane sur la campagne environnante.

Le Château, — aujourd'hui une prison ! — regarde la vallée du Saint-Esprit. Des fossés profonds l'isolent de la ville, comme de la campagne.

Du donjon, surmonté d'une plate-forme à créneaux, s'étend une vue splendide sur les paysages du bourg de Lanvallay, qui est en face.

La ville est renfermée entre quatre portes percées dans de grosses tours d'un aspect redoutable.

— DINAN —

LE VIADUC — LA RANCE — LES ENVIRONS

Cette fois, rien à regretter. On peut rêver du moyen âge, en descendant la rue de Jerzual, tortueuse et presque à pic, qui conduit au port, où s'amarre le bateau de Saint-Malo. Deux rangées de maisons, dont l'entrée se cache sous un porche en bois ou en granit sculptés, avancent leurs arcades jusqu'au ruisseau coupant la rue en deux. Là, les murs se lézardent, les fenêtres sont mal d'aplomb ; ici, les noirs piliers d'une porte sont devenus obliques ; il semble que la maison s'écroule. Cette promenade est d'un effet saisissant.

Sur la grande route montante s'embranche à mi-côte un beau viaduc de granit jeté à quarante mètres au-dessus de la Rance, entre les collines boisées des deux rives.

Un vieux et pittoresque pont de pierre relie par ses deux arches les sentiers du bord de l'eau.

Dinan — L'Église Saint-Sauveur.

RETOUR A SAINT-MALO PAR LA RANCE — Nous laissons ce pays enchanteur pour descendre le fleuve. Ce trop court voyage offre un spectacle inoubliable.

UNE PORTE A DINAN [1].

1. Gravure extraite de la *Renaissance en France*. Maison Quantin, éditeur.

En quittant la ville, dès que la silhouette blanche du viaduc, qui occupe le fond de ce tableau ensoleillé, n'est plus visible grâce à la courbe que nous suivons, le bateau traverse un frais vallon entre deux rangées de peupliers, au pied des coteaux recouverts d'une luxuriante végétation. Plus loin, des carrières de granit d'un aspect grandiose alternent avec de ravissants bouquets d'arbres.

Quelques passagers descendent à l'Écluse, pour retourner à Dinan. Ces promeneurs privilégiés ne sont venus là que pour déambuler doucement vers la ville, à l'ombre des grands arbres, en remontant le long de la rivière qui déroule en silence ses mille vaguelettes vers l'Océan, — et cela par une belle fin de jour, alors qu'un soleil resplendissant gagne l'horizon.

On passe sous le beau pont de Lessart, dont l'unique voûte mesure soixante mètres d'ouverture ! Le petit paquebot file à la dérive entre des rochers escarpés.

Dinan. — Rue de Jerzual.

LE PORT DE DINAN.　　　　　　LE DÉPART POUR SAINT-MALO.

Quelques barques se croisent, passant d'un bord à l'autre les cultivateurs dont la journée est finie. Le lit de la Rance s'élargit ; ses ondes s'écoulent rapides sous une nappe de lumière qu'y dépose le soleil couchant. Sans cesse les contrastes se renouvellent : aux collines touffues, descendant en pente

Sur la Rance.

douce, s'appuient des massifs rocheux dont les déchirures hardies se reflètent dans l'eau ; une ferme basse précède des villas grimpant dans la verdure. D'un côté, des vallées encaissées, couvertes de brume ; en face, des rocs dont les cavités s'emplissent des reflets rougeâtres du crépuscule.

Puis, des jardins encadrent l'aridité d'une nouvelle grotte. — Et toujours ! des bosquets, des cottages, des maisonnettes, des hameaux, des chaînes de rochers.

D'un lac à perte de vue et que peuplent des barques de pêcheurs, le bateau pénètre dans un défilé dont l'étranglement sinueux fait croire qu'il n'y pourra trouver passage. Enfin, d'immenses nappes d'eau baignent les rives, maintenant abaissées. Une île, des caps, qu'estompe la nuit qui vient ; et le fleuve nous entraîne vers la mer !

On entre dans l'estuaire, d'une lieue de large, avec Dinard à gauche. A droite, Saint-Servan ; le Grand-Bey ; Saint-Malo dont le phare s'allume ; au fond, la Manche et ses écueils.

Le Sillon. Les Remparts.

PARAMÉ. — Un autre jour, on se rend à la *Grande-Grève* de Paramé, en suivant la belle promenade qui part de la porte Saint-Vincent et qu'abritent sur toute sa longueur d'énormes troncs d'arbres, puissants

La Plage de Paramé.

brise-lames que nécessite la violence de la mer haute. A la marée basse, les soldats des garnisons voisines viennent faire l'exercice sur cette vaste plage, qui découvre jusqu'à sept cents mètres.

Paramé est le séjour favori des Malouins : ils y possèdent de nombreuses villas. Le prince de Galles y a fait transporter le chalet indien que l'on voyait, il y a dix ans, à l'Exposition universelle.

Des hauteurs, on embrasse Saint-Servan, Saint-Malo, la rade et la mer. Derrière la ville aux

Les rochers.

Cancale.

remparts se cache Dinard, la riante rivale de Paramé et qui dispute à l'élégante Grande-Grève touristes et baigneurs. Un omnibus se rend de Saint-Malo, par Paramé, jusqu'à Cancale.

CANCALE. — Laissant à gauche le précipice des falaises dont les tranchées ouvrent de temps en temps une vue sur la Manche, on traverse de grasses

12

prairies sur de belles routes bordées d'ormeaux. Avant d'arriver à la Houle, le port de Cancale, on voit au loin une mer étrange, sans mouvement ; c'est le sable de l'immense baie du Mont Saint-Michel, avec la pyramidale Abbaye qui en occupe le centre. Après avoir dépassé les maisons grises du bourg et lorsqu'on est revenu sur la crête de la falaise, cette grève à perte de vue se découvre de nou-veau, traversée de légers et nombreux sillons creusés par les ondulations de la lame. Sous cette baie le travail de la mer a enseveli d'anciennes forêts : celle de Scissy entourait le Mont Saint-Michel, En mer, émergent le gros rocher de Can-cale et les îlots noi-râtres qui l'enton-rent. Un peu en ar-rière, avance la pointe du Gronin, puis la côte bretonne, avec ses déchirures et ses promontoires. Cancale est cé-lèbre par ses huîtres, mais vous n'y man-gerez que des moules si vous arrivez dans les beaux mois d'été

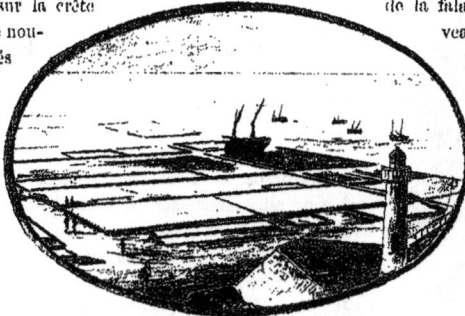

Cancale. — Le parc aux huîtres.

qui manquent d'r. On ne peut tout avoir. — Partons pour le Mont Saint-Michel, qui bien des fois déjà nous a invités à l'aller voir. De Cancale on peut y aller par Moidrey. Notre voiture nous ramène à Saint-Malo; nous irons par le chemin de fer en traversant Pontorson.

AU MONT SAINT-MICHEL

L'escalier abbatial.

PONTORSON. — Nous nous arrêtons à Pontorson. Il est trop tard pour aller directement au Mont Saint-Michel. Peu de choses à voir ici. Après dîner, marchant dans la nuit noire sur la grande route que n'éclaire aucune lumière, nous passons sous une halle en granit assez curieuse et qui rappelle que l'on est aux portes de la Bretagne. Quelques pas plus loin, faisant le tour de la vieille église, nous lisons sur le mur de l'abside, à la lueur jaunâtre d'une lanterne accrochée au brancard d'une voiture, cette inscription pieuse : « Il est défendu de tuer les cochons pendant l'office divin. » Si l'on revient du Mont dans l'après-midi, il faut voir l'asile d'aliénés, qui mérite une visite.

Nous rentrons à l'hôtel situé sur le bord de la rivière du Couesnon, dont une rive est normande et l'autre bretonne.

Le lendemain matin, de bonne heure, la petite ville a déjà pris une joyeuse animation : les touristes, en nombre, emplissent les grands breacks, les voitures publiques et particulières, voire même les charrettes, se rendant à la vieille Abbaye, but de leur pèlerinage.

Au sortir de Pontorson se déroulent les grèves immenses. Dans cette baie, comme à Saint-Malo, l'écart entre le plein et la mer basse atteint jusqu'à quinze mètres!

A la marée montante, un bruit sourd et lointain se fait entendre. C'est le flot, qui bientôt apparaît à l'horizon. Quelques instants après la plage a disparu sous une immense nappe d'eau ; plus de deux cent cinquante kilomètres carrés sont inondés.

Les voitures roulent au grand trot sur la digne bâtie pour nous autres touristes, mais que déplorent archéologues et artistes. Elle longe le Couesnon et aboutit à l'unique ouverture percée dans les remparts. Dans les airs, coupée par un long nuage qui passe en ce moment et sur lequel semble reposer la Cathédrale, apparaît l'Abbaye. Plus bas, la petite ville serrée, blottie contre le roc, s'accroche à ses flancs escarpés.

Des guides, jambes nues, attendent. Hommes et femmes montent résolument sur leur dos pour traverser un ruisseau formé par la mer haute et qui sépare le remblai de la porte d'entrée. Le cortège triomphal s'arrête au bas de l'unique rue de la ville, où nous déposent nos porteurs. Cette rue, montante et malaisée, grimpe au couvent, suivant la ligne des murailles, bordée de maisons basses dont quelques-unes sont encore telles qu'elles devaient être au moyen âge ; puis elle serpente vers le nord sur

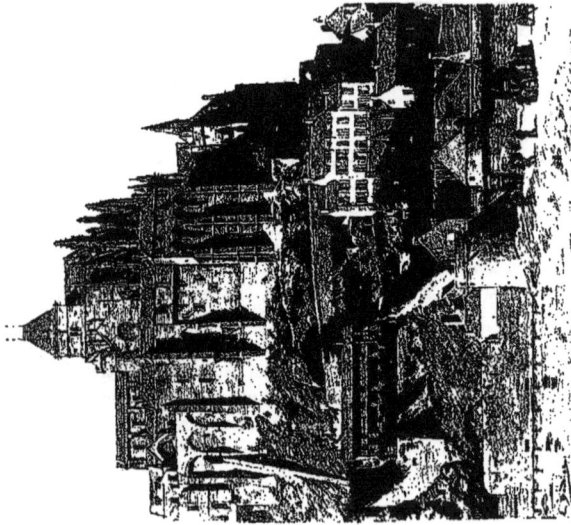

LE MONT SAINT-MICHEL VU DE LA DIGUE.

les rampes du rocher. De temps en temps, le pavé y est remplacé par des marches de pierre. On ne peut le nier, cette ascension est fatigante; mais on désire tant atteindre les hauteurs!

On sait que, du commencement du siècle jusqu'en 1863, le Mont Saint-Michel fut une prison d'État.

En 1865, l'administration des domaines loua les bâtiments de l'Abbaye à l'évêque de Coutances et d'Avranches; en 1867, une colonie de religieux en prit possession. C'est à ces diverses époques que s'opérèrent les mutilations que les derniers travaux de restauration ont remises à jour, cachant ici sous la couche de plâtre d'un mur de couvent des merveilles d'architecture, élevant là une cloison de prison, entre des piliers magnifiques.

Depuis 1874, la conservation de ces chefs-d'œuvre est confiée au service des Édifices historiques. Bientôt ils revivront dans toute leur poésie et dans leur antique splendeur, grâce à la direction de M. Corroyer, l'habile architecte qui en a la charge.

A force de monter et de monter toujours, on arrive en face du double donjon servant de porte d'entrée à l'Abbaye : c'est le Châtelet. C'est aussi le Gouffre, comme on l'appelle, et, en effet, c'est un gouffre en hauteur.

Un escalier large, mais presque à pic, s'offre à vous. Il conduit à la *Salle des Gardes*. De là, en tournant à droite, on pénètre dans les premières

La rue de la ville.

salles de *la Merveille*, contenant les *Montgommeries*. La légende rapporte qu'un soldat de la garnison devait ouvrir à Montgommery un passage dans ces souterrains. Pris de repentir, il avoua tout, de sorte qu'à mesure qu'un protestant entrait, on le tuait. Leur chef resta prudemment au dehors, mais une centaine de ses soldats périrent ainsi. Les tombeaux des malheureux occis par les moines dans cette aventure gardèrent le nom de Montgommeries.

LA MERVEILLE [1]. — Au premier plan, se trouvent l'*Aumônerie* et le *Cellier;* à la deuxième galerie, le *Réfectoire* et la *Salle des Chevaliers,* au troisième étage, le *Dortoir* et le *Cloître.*

Les murs, appuyés par des contreforts de formes diverses, restent inébranlables depuis plus de six siècles ! Cette Babel admirable offre le plus bel exemple de l'architecture religieuse et militaire du moyen âge.

Un employé de la Direction des beaux-arts promène les visiteurs, par *journées,* à travers les trois étages de ces constructions cyclopéennes, couronnées à une hauteur de quatre-vingts mètres au-dessus de la mer par une Cathédrale !

LA SALLE DES GARDES est éclairée par une seule fenêtre; elle se divise en trois travées. Dans la deuxième une petite porte s'ouvre sur un escalier qui conduit à la

Le Châtelet.

1. Nous ne saurions trop recommander à propos de ces descriptions sommaires la lecture du bel ouvrage édité par la maison Didot et qui a pour titre : *Saint-Michel et le Mont Saint-Michel.*

Chambre des Portiers. Dans la troisième travée se trouve le passage montant à la cour de l'église. La CRYPTE DES GROS PILIERS est une chapelle basse qui compte dix-neuf piliers ronds, de quatre à cinq mètres de diamètre, supportant le chœur de l'église supérieure. Dans le pourtour, cinq chapelles : à l'ouest, celle de saint Aubert, évêque d'Avranches et fondateur du monastère primitif, appelé « le Mont-Saint-Michel en péril de mer ».

L'AUMONERIE comprend deux nefs; on y pénètre en traversant la cour d'entrée, tout près de la *Tour des Corbins.* De là, on entre par une large ouverture dans le CELLIER, formé de trois nefs et recevant le jour de cinq fenêtres étroites. Dans la nef du milieu se voit le passage par lequel on montait les provisions au moyen d'une roue placée à l'intérieur et qui, elle aussi, a sa légende.

LA ROUE. — On a cru longtemps que, nouvelle roue d'Ixion, elle était un instrument de supplice. Et le martyre incessant des prisonniers du Mont Saint-Michel était bien fait pour accréditer cette croyance. « Tantôt l'un de ces malheureux, n'y pouvant plus tenir, perdait force et patience et recourait au suicide ; tantôt c'était un autre dont la raison venait de s'enfuir, ne laissant plus qu'un corps à supplicier. » Mais la roue n'y fut pour rien. Elle n'était qu'un *avilissement,* obligeant des hommes politiques, condamnés à la réclusion par les ministres du roi, au métier de chien ou d'écureuil pour faire monter les vivres jusqu'à leurs cellules. On raconte même qu'elle était une *récompense* accordée aux plus soumis, qui jouissaient ainsi pour quelques instants de la lumière du Cellier, au sortir de leurs noirs cachots.

Un escalier pratiqué dans la muraille conduit à la Salle des Chevaliers.

LA SALLE DES CHEVALIERS. — Commencée en 1215, elle fut achevée cinq ans après. Elle mesure

LE MONT SAINT-MICHEL, DU COTÉ DE LA MERVEILLE.

vingt-huit mètres de long et se divise en quatre travées d'inégales largeurs et dont la dernière est assise sur le rocher. C'est un superbe vaisseau du style gothique le plus pur : la pièce la plus célèbre du Mont Saint-Michel. Deux immenses cheminées surmontées de fenêtres à tête carrée occupent un de ses côtés. Elles datent du xvᵉ siècle : c'est-à-dire de l'époque de la création de l'ordre de chevalerie fondé par Louis XI en l'honneur de saint Michel, qui « pour la querelle de Dieu victorieusement batailla contre le Dragon, ancien ennemi de nature humaine et le trébucha du ciel... »

Coupe de la nef.

LE RÉFECTOIRE, éclairé par neuf grandes fenêtres, est fondé sur les Montgommeries. Sa construction extérieure remonte au xiiiᵉ siècle. Au-dessus du Réfectoire, se trouve le DORTOIR, éclairé par des fenêtres longues et étroites encadrées de colonnettes et d'où l'on jouit d'une vue magnifique.

L'ÉGLISE. — C'est une véritable cathédrale, avec nef, bas-côtés, transepts, chœur et abside. « Elle aurait été élevée, dit M. Corroyer, sur les vestiges d'un oratoire érigé par saint Aubert au viiiᵉ siècle et sur les ruines d'une église construite au xiᵉ siècle. Il ne subsiste aucune trace de l'édifice du viiiᵉ siècle; mais de l'église fondée en 1020, il reste encore le transept et la plus grande partie de la nef... » Celle-ci se composait de sept travées, dont trois ont été détruites en 1776. Le chœur roman a complètement disparu dans un écroulement au xvᵉ siècle; le chœur actuel est gothique : il a été construit sur l'emplacement agrandi du chœur ruiné. « Cette immense construction, dont le sol est à quatre-vingts mètres au-dessus

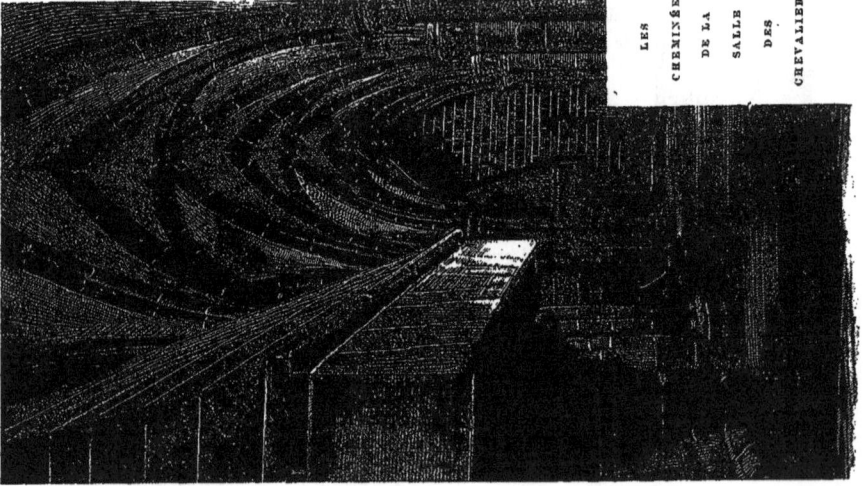

LES CHEMINÉES DE LA SALLE DES CHEVALIERS.

Le Préau du Cloître.

du niveau moyen de la mer, est admirable en tous points : d'abord par la grandeur de la conception ; ensuite, par les efforts qu'il a fallu faire pour la réaliser au milieu d'obstacles de toute nature résultant de la situation même, de la difficulté d'approvisionnement des matériaux et des moyens restreints de les mettre en œuvre [1]. »

Le portail de l'église donne sur la face ouest du Mont. En avant, une vaste plateforme regarde la mer. « Sous les dalles on a trouvé, en 1875, les restes de plusieurs moines, avec des débris d'ornements et un sarcophage contenant le corps d'un abbé revêtu de ses habits pontificaux, noircis et comme brûlés par le temps ; à sa droite se trouvait une crosse en bois surmontée d'une volute de plomb, et sur le crâne était placé un disque en métal, avec l'inscription suivante : « Ici repose Robert de Torigni, abbé de ce lieu. Il a gouverné ce monastère l'espace de trente-deux ans et en a vécu quatre-vingts. »

1. ED. CONROYER, l'Architecture romane. Maison Quantin, éditeur.

Le Cloitre. — Achevé au XIII° siècle, il s'étend au-dessus de la Salle des Chevaliers. Son préau à ciel ouvert occupe le centre de quatre galeries formées par plus de deux cents fines colonnes, aux riches feuillages, aux rosaces fleuries et d'une grande variété. Appuyé contre le mur de droite, se trouve le *Lavatorium*, avec ses deux bancs de pierre, dont le plus élevé servait de siège aux religieux.

L'Escalier de dentelle. — Il prend naissance dans l'église basse. Supporté, avec une légèreté digne de son nom, par un des arcs-boutants supérieurs, il monte au faîte, au-dessus des chapelles, et aboutit au comble le plus élevé! De là, un panorama unique : Au-dessous de soi, dans un abîme qui donne le vertige, les aiguilles frêles des pinacles, les clochetons, les arceaux, les balustrades à jour, les tourelles élancées, les contreforts sculptés, les gargouilles à têtes de monstres. Plus bas, le préau du Cloître et les trois étages des gigantesques bâti-

Une travée du Cloître.

ments de l'Abbaye. Puis, les maisons de la ville, qui semblent montées les unes sur les autres et dont les jardins bordent des rampes rapides, des sentiers à pic et la rue en escalier. Encore plus bas, l'encadrement des remparts flanqués de leurs tours crénelées. Enfin, la grève, miroitante au soleil, à perte de vue pendant la marée basse, et que traversent, gros comme des fourmis, quelques pêcheurs.

A l'est et au loin, un demi-cercle incommensurable partant du cap Lihou, suivant la ligne des campagnes verdoyantes d'Avranches et les bourgs qui dorment à ses pieds, pour se terminer aux rochers de Cancale.

A l'ouest, la mer noie les Chausey et, plus près, la petite île de Tombelène — tombe d'Hélène — sauvage, nue, que nous aurions pu acheter, paraît-il, deux cents francs ! pour vivre solitaire sur son rocher isolé, en compagnie des nombreux lapins qui y broutaient en maîtres. Mais la place est prise : un célibataire y vit aujourd'hui plus riche qu'un roi, avec cinq cents francs de rentes. Qui l'aime, l'épouse ! Et une ville naîtra... des flots, faisant de la Tombe-d'Hélène le berceau d'une république de nouveaux Robinsons.

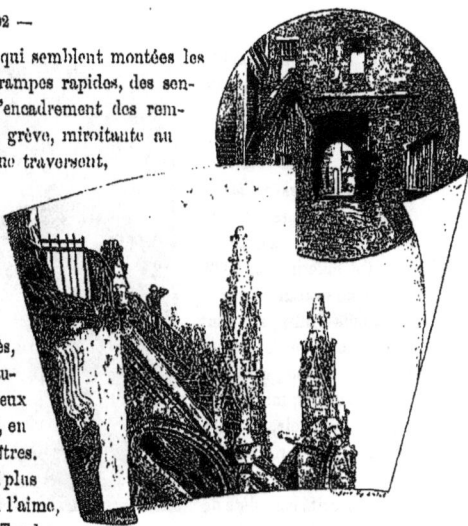

L'escalier de dentelle. — La Porte du Roi.

LA PRISON DE BARBÈS.
— De la plate-forme du Saut-Gautier, nous descendons par un grand escalier dans le local appelé *Grand Exil* ou *Cachot des doubles grilles*.

C'est à l'étage inférieur que se trouve la cellule où Barbès fut enfermé, en 1839, par ordre de la cour *citoyenne* du roi Louis-Philippe. Avant d'y être incarcéré, le prisonnier avait passé quelques jours, assure-t-on, muré dans un affreux trou noir, où nous pénétrons l'un après l'autre avec terreur. Les yeux habitués à l'obscurité complète de cet *in-pace* distinguent un anneau de fer scellé dans le

L'escalier du Grand Exil.

mur du fond, où l'on enchaînait, à leur arrivée, quelques détenus : charitable attention qui leur faisait goûter ensuite avec plus de charme l'air et la lumière (?) d'un cachot moins sombre. Blanqui vint, peu après Barbès, occuper une cellule voisine. « Il subit au Mont Saint-Michel d'affreuses tortures. Au bout de quatre années, celui qui avait écrit : « Je ne me crois pas compris dans le catalogue des vulnérables, » quittait cette prison *pour une autre,* accablé de souffrances et brisé. »

Notre guide, en veine d'horrible et que nos frayeurs

encouragent, nous conduit alors, sous des voûtes où la voix résonne, à une cage de fer placée au-dessous d'un escalier d'une douzaine de marches.

C'est, dit-on, dans cette cage, que fut enfermé, par les ordres du roi Louis XI et pendant vingt années, le cardinal Balue. Cette fois nous sommes rêveurs ; un doute nous envahit. C'est que nous nous rappelons très bien avoir vu dans notre enfance, à la royale demeure de Plessis-les-Tours, la prison souterraine de ce même cardinal Balue, qui avait si perfidement trompé la confiance du roi Louis XI. Nous y avons vu, non pas la cage elle-même, d'où

> Maître Jean Balue
> A perdu la vue
> De ses évêchés ;

mais le caveau en forme d'ellipse où elle était scellée, et l'empreinte des ferrements et des crampons qui la fixaient aux murailles. Nous y avons vu aussi la pierre sur laquelle le prélat était resté assis un tel nombre d'années, qu'elle en était usée en forme de bénitier ! Le temps que doit demander ce travail de bénédictin pouvait-il laisser à Jean Balue le loisir de venir s'enfermer vingt ans au Mont Saint-Michel ?

Descendons sur la grève pour jouir de la vue d'ensemble de la Merveille, dont nous venons d'admirer les détails.

Vers le milieu de l'unique petite rue de la ville se trouvent l'église paroissiale qui date du xve siècle, le cimetière et la maison dite de Du Guesclin, où habitait sa femme, Tiphaine Raguenel.

Nous rencontrons des pêcheuses qui s'en vont court vêtues, les jambes nues bronzées par le soleil et le grand air, la tête enveloppée d'une étoffe quelconque, portant des sacs et des filets. Un peu partout : des marchands de menus objets avec cette inscription *Souvenir du Mont Saint-Michel;* ce sont toujours les mêmes, au Havre, à Cherbourg, à Brest, à Paris, comme ici ; puis, des albums, des vues photographiques et ces fameuses coquilles que les pèlerins attachaient jadis à leur manteau ou qu'ils fixaient à leur gourde en guise d'ornement et... d'enseigne. En sortant, on remarque, près de la porte, les *Michelettes :* curieuses bombarbes des temps passés.

Du sud à l'est, s'étagent les habitations attachées aux flancs de la montagne et dont les fenêtres regardent

La Chapelle Saint-Aubert.

par-dessus le mur d'enceinte, défendant la ville au sud-ouest, au sud et à l'est.

La *Tour Claudine* unit la muraille à la Merveille, qui, assise majestueuse et hardie sur son socle de granit, déroule au-dessus de nous ses aspects imposants et grandioses.

14

Les nuages s'accrochent en passant aux pointes de l'Abbaye. Des oiseaux de mer, dont les cris n'arrivent plus jusqu'à nous, entrent, en troupes serrées, dans la forêt de clochers de l'abside. Le cours du Couesnon, maintenant à sec, s'est confondu avec la grève.

En une demi-heure on fait le tour du Mont. Les endroits dangereux en sont tous relativement éloignés et ils sont aujourd'hui parfaitement connus. Il reste cependant un mauvais côté, c'est celui d'Avranches, ou plutôt du bourg de Genêts. Là tout danger d'enlisement n'a point disparu. Mais des guides, dont toute la ville vous dira les noms, vous accompagneront si vous désirez regagner la côte à travers les sables... mouvants.

Il ne faut point en vouloir à la mer de cette perfidie. « Elle arrive là, comme ailleurs, dit Michelet, bruyante et forte, mais loyale. La vraie faute est à la terre, dont l'immobilité sournoise paraît toujours innocente, et qui en dessous filtre les eaux des ruisseaux, un mélange blanchâtre qui ôte toute solidité. La faute est surtout à l'homme, à son ignorance, à sa négligence. Pendant qu'il rêvait à la légende et fondait le grand pèlerinage de l'archange vainqueur du Diable, le Diable prit possession de cette plaine délaissée. La mer en est fort innocente. »

Nous resterons cette nuit au Mont Saint-Michel, ne voulant pas y manquer le spectacle d'un coucher et d'un lever de soleil. Nous tenons aussi à assister à l'arrivée du flux, dont l'heure approche. Enfin, il faut l'avouer, tout ce que l'on voit dans une première visite est un éblouissement, et nous voulons le revoir encore une fois demain. Nous n'aurons plus besoin de guide et, si nous pouvons perdre le nôtre en entrant, nous nous donnerons la jouissance d'admirer dans la solitude, sans compagnons bavards, ces magnificences d'un autre âge.

LES ÉCUS DE LA LUNE[1]

La lune au ras des flots étincelants
Casse en morceaux ses jolis écus blancs.
   Bon sang ! que de pécune !
Si ton argent, folle, t'embarrassait,
Pourquoi ne pas le mettre en mon gousset,
   Ohé, la Lune ?

1. Jean Richepin, *Le Mer*. Dreyfous, éditeur.

Vue générale d'Avranches.

AVRANCHES ET COUTANCES

AVRANCHES. — Il faut s'arrêter à Avranches, cette ville coquette dont la silhouette se profile sur les collines, regardant par-dessus les bois la vieille Abbaye.

Au sortir de la gare, un petit chemin, excessivement rapide, conduit en serpentant jusqu'à la grande place. Assis à l'ombre des arbres séculaires, dans le beau jardin public dont l'entrée fait face à l'hôtel de ville, nous restons en extase devant un des plus beaux panoramas de France : des champs à perte de vue,

La baie du Mont Saint-Michel.

la Séc et ses jolis vallons ; plus à gauche, la baie du Mont Saint-Michel, dont la mer a, de nouveau, pris possession ; au milieu, le gigantesque Rocher reposant sur l'immense plate-forme lumineuse que lui fait la Manche ensoleillée. Tout au bas de la montagne baignent dans l'eau le bourg de Genêts et ses voisins ; au-dessus d'eux court la voie ferrée, d'où partent, pour venir jusqu'à nous, des charmilles touffues, coupées par la ligne des vieux remparts.

JERSEY
Montorgueil.

COUTANCES.

COUTANCES. — On va à Coutances pour jeter encore un dernier regard sur la belle Jersey. Comme à Avranches, nous gravissons un sentier raide, où des carriers font éclater de gros blocs de granit. C'est au plus haut de la ville que s'élève la magnifique cathédrale dont les deux flèches élancées surmontent les tours romanes. L'antique château Montorgueil, maintenant placé à notre nouvel horizon, ouvre devant nous la double enceinte de ses murs ruinés. Et l'imagination charmée entre dans l'île, galopant sur les routes en berceaux dont on emporte le gracieux souvenir.

Le lendemain, nous re-trouvons les paysages de l'Orne, Argentan, Laigle, Dreux, Versailles, PARIS, la Ville qui n'admet point de rivale, et qu'on revoit — d'où que l'on vienne ! — toujours avec plaisir.

RENSEIGNEMENTS PRATIQUES[1]

GRANVILLE

De Paris à Granville : 1re classe, 40 fr. 40 c.; 2e classe, 30 fr. 30 c.; 3e classe, 22 fr. 20 c.

De Granville à Saint-Pair : Voiture publique, 0 fr. 50.

De Granville à Avranches : — 2 fr.

De Granville au Mont Saint-Michel : Voiture publique, 5 francs (aller et retour).

De Granville à Jersey (Saint-Hélier). — Bateau à vapeur, avec restaurant à bord. Départ les lundis, mercredis et vendredis : 1re classe, 10 francs; 2e classe, 6 fr. 25. Aller et retour (facultatif par Saint-Malo ou *vice versa*, et pour un mois) : 1re classe, 12 shillings (15 fr.); 2e classe, 7 shillings 6 deniers (9 fr. 40).

JERSEY

LA MONNAIE.

1 sou équivaut à un demi-penny : *half penny*. — 1 *penny* vaut donc 0 fr. 10. On ne dit pas 2, 3, 4 pennys, mais 2, 3, 4 *pence*. — Le système monétaire anglais est duodécimal, c'est-à-dire qu'il procède par douzièmes, tandis qu'en France il est décimal. — 1 penny vaut exactement 2 sous + 1 douzième de sou. — 12 pence valent, par conséquent, 24 sous + 12 douzièmes, soit 1 fr. 25 exactement, ou 1 *shelling*. Et 20 shellings font de même exactement 25 francs, une livre sterling. 1 demi-shelling vaut 6 pence, soit 12 sous. — Pour éviter de perdre au change, il ne faut pas se servir de notre monnaie divisionnaire, qui ne correspond ni au demi-shelling, ni au shelling, ni au double shelling. — Notre pièce de 5 francs vaut 4 shellings. — Notre louis d'or vaut 16 shellings, c'est-à-dire 20 francs. — La livre s'indique £. Elle vaut 25 francs.

Il y a en outre : le demi-souverain, valant 12 fr. 50; la demi-couronne, valant 3 francs; le double shelling, valant 2 fr. 50; le demi shelling, valant 0 fr. 60 ou 0 fr. 63.

JERSEY

LES PRIX MARQUÉS.

On marque souvent les marchandises aux vitrines en *deniers*. — Le denier vaut le penny, 0 fr. 10. — Un objet étiqueté 1/1d vaut 1 shelling et 1 denier, soit 1 fr. 35. — Il y a des demi-deniers, valant 0 fr. 05. — Un objet étiqueté 1/4 1 vaut 1 fr. 30. — Un objet marqué £ 1. 1/1d vaut 25 francs + 1 fr. 25 + 0 fr. 10 = 26 fr. 35. — Les étoffes s'achètent non pas au mètre, mais au *yard*, qui ne mesure que 0m,90.

L'heure de Jersey, réglée sur le méridien de Greenwich, retarde de vingt minutes sur l'heure de France.

De Jersey à Granville. — Bateau à vapeur les mardis, jeudis et samedis.

De Jersey à Saint-Malo. — Les lundis mercredis et vendredis. (Voir les prix plus haut, à Granville).

De Jersey (Gorey) à Portbail. — Les mercredis et vendredis : 1re classe, 6 fr. 55; 2e classe, 4 fr. 15. Aller et retour. (Valable un mois) : 1re classe, 10 fr.; 2e classe, 6 fr. 25.

Saint-Hélier. — Voitures de place, à l'heure : 2 shellings 1/2, 3 fr. 15. — — À la course : Suivant le trajet, 1 shelling pour le 1er mille, 6 pence pour chaque mille en plus.

Commissionnaires. — 1 fr. par colis.

Voitures d'excursion. — Départ tous les jours entre onze heures et midi, retour à six heures; 3 fr. 25, ou mieux 2 shellings 6 deniers. (On y gagne 0 fr 15)

Voitures particulières. — 20 fr. pour 2 personnes et la journée.

Chemins de fer de l'Est. — Saint-Hélier à Gorey : 1re classe, 1 fr. 30 2e classe, 1 fr. (Aller et retour).

Chemins de fer de l'Ouest. — Saint-Hélier à Saint-Aubin : 1re classe, 0 fr. 90 2e classe, 0 fr. 60. (Aller et retour). — De Saint-Hélier à Sainte-Brelade 1re classe, 1 fr. 55; 2e classe, 1 fr. 10. (Aller et retour). — De Saint-Hélier aux Corbières : 1re classe, 2 fr. 20; 2e classe, 1 fr. 55. (Aller et retour).

---

1. Les départs des paquebots, aux jours ci-dessus indiqués, n'ont lieu que du 1er juillet au 30 septembre.

RENSEIGNEMENTS PRATIQUES (*Suite*)

SAINT-MALO

De Paris à Saint-Malo par Rennes (ou par Foligny, ligne de Granville) ; 1re classe, **48 fr. 65;** 2e classe, **38 fr. 50;** 3e classe, **26 fr. 75.**

De Saint-Malo à Jersey. — Départ du paquebot les mardis jeudis et samedis (Voir les prix plus haut, à Granville).

De Saint-Malo à Saint-Servan. — Pont roulant : le jour, **0 fr. 10** et **0 fr. 05;** le soir, **0 fr. 20** et **0 fr. 15.**

De Saint-Malo à Dinard. — Bateaux à vapeur : **0 fr. 25** et **0 fr. 15.**

De Saint-Malo à Dinan. — Chemin de fer : De Saint-Malo à Dol : 1re classe, **2 fr. 95;** 2e classe, **2 fr. 20;** 3e classe **1 fr. 65.** — De Dol à Dinan : 1re classe, **3 fr. 40;** 2e classe, **2 fr. 60;** 3e classe, **1 fr. 85.** — Bateau à vapeur, **3 fr., 2 fr. 50** et **2 fr.** — Aller et retour : **4 fr., 3 fr.** et **2 fr. 50.**

De Saint-Malo à Paramé. — Omnibus, **0 fr. 30.**

De Saint-Malo à Cancale. — Omnibus (aller et retour), **2 fr.**

De Saint-Malo à Pontorson. — Chemin de fer : 1re classe, **5 fr. 65;** 2e classe, **4 fr. 25;** 3e classe, **3 fr. 15.**

De Dinard à Saint-Enogat. — Voiture publique : **0 fr. 50** et **1 fr.** (et à Saint-Lunaire).

De Dinard à Dinan. — Voiture publique : **2 fr. 50.**

MONT-SAINT-MICHEL

De Pontorson au Mont-Saint-Michel. — Voitures : **2 fr.** et **2 fr. 50** (Aller et retour).

De Moidrey au Mont-Saint-Michel. — Voitures : **2 fr.** (Aller et retour).

De Pontorson à Avranches. — Chemin de fer : 1re classe, **2 fr. 70;** 2e classe, **2 fr. 05;** 3e classe, **1 fr. 45.**

AVRANCHES ET COUTANCES

D'Avranches à Granville. — 1re classe, **4 fr. 05;** 2e classe, **3 fr.** 3e classe, **2 fr. 20.**

De Granville à Coutances. — 1re classe, **5 fr. 30;** 2e classe, **3 fr. 90;** 3e classe, **2 fr. 85.**

De Coutances à Paris. — 1re classe, **42 fr.;** 2e classe, **31 fr. 45;** 3e classe, **23 fr. 10.**

Paris. — Maison Quantin, 7, rue Saint-Benoît.

BAINS DE MER

Billets d'aller et retour à prix réduits, valables du Vendredi au Lundi

	1re Classe.	2e Classe.
Dieppe	30 fr. »	22 fr. »
Le Havre, Trouville, Villers-sur-Mer, Étretat, Fécamp, Honfleur, Caen, etc.	33 »	24 »
Cabourg, Dives, Beuseval, Houlgate, Luc, Langrune, Lion-sur-Mer	37 »	27 »
Coutances	57 »	44 »
Saint-Aubin, Bernières, Courseulles	38 »	28 »
Cherbourg	55 »	42 »
Granville, Saint-Pair	50 »	38 »
Saint-Malo, Saint-Servan, Paramé, Dinard, Saint-Énogat, Saint-Lunaire	66 »	50 »

Départ du Vendredi au Dimanche. — Toutefois, ces billets sont valables le Jeudi, par les trains partant de Paris dès 6 h. 30 du soir. — Retour le Dimanche et Lundi seulement. — Les billets pour Saint-Malo sont valables, au retour, jusqu'au Mardi inclus. — Les deux coupons d'un billet d'aller et retour ne sont valables qu'à la condition d'être utilisés *par la même personne ;* en conséquence, *la vente et l'achat des coupons de retour sont interdits.*

BILLETS D'EXCURSIONS

VALABLE PENDANT UN MOIS

Permettant de visiter les points les plus intéressants de la NORMANDIE et de la BRETAGNE

18 Itinéraires différents.

Le prix varie, selon la longueur du parcours, entre 60 et 130 fr. en 1re classe, et 45 et 110 fr. en 2e classe.

BILLETS D'EXCURSION DE PARIS AU MONT SAINT-MICHEL (via Foligny)

Valables pendant six jours, avec passage facultatif par Granville, au retour.

1re classe. . . . 56 fr. — 2e classe. . . . 45 fr.

EXCURSIONS SUR LES COTES DE NORMANDIE

EN BRETAGNE

ET A L'ILE DE JERSEY

BILLETS CIRCULAIRES

Valables pendant un mois[1]

Paris (Montparnasse), Dreux, Granville, Jersey, (Saint-Hélier), Saint-Malo-Saint-Servan (Paramé), Pontorson, Le Mont Saint-Michel, Saint-Malo, Dinard, Dinan, Saint-Brieuc, Rennes, Vitré, Laval, Le Mans, Chartres, Paris (Saint-Lazare ou Montparnasse).

Première classe, **105** fr. — Deuxième classe, **80** fr.

Paris, Cherbourg, Coutances, Granville, Avranches, Mont Saint-Michel, Dol, Saint-Malo, Dinard, Dinan, Rennes, Le Mans, Paris.

Première classe, **100** fr. — Deuxième classe, **80** fr.

Paris, Granville, Avranches, Mont Saint-Michel, Dol, Saint-Malo, Dinard, Dinan, Rennes, Le Mans, Paris.

Première classe, **90** fr. — Deuxième classe, **70** fr.

(1) *La durée de ces billets peut être prolongée d'un mois, moyennant la perception d'un supplément de 10 0/0, si la prolongation est demandée aux principales gares dénommées aux itinéraires, pour un billet non périmé.*

CHEMINS DE FER DU NORD

SAISON DES BAINS DE MER

Du 15 Juin au 30 Septembre

Billets d'aller et retour valables du Vendredi au Mardi

du 12 au 18 juillet et du 10 au 17 août

PRIX AU DÉPART DE PARIS

POUR

	1ʳᵉ classe.	2ᵉ classe.
Le Tréport	33f 20	23f 60
Saint-Valery	28 60	25 20
Cayeux	31 90	27 70
Le Crotoy	30 10	26 05
Berck (Verton)	33 »	30 45
Étaples	33 50	29 35
Boulogne	37 40	32 85
Wimille-Wimereux	38 60	33 65
Ambleteuse, Audresselles, Wissant (Marquise)	40 »	35 »
Calais	44 »	38 35
Gravelines	45 10	39 40
Dunkerque	45 10	39 40

VOYAGES CIRCULAIRES A PRIX RÉDUITS

Billets valables pour un mois, délivrés du 1ᵉʳ mai au 30 septembre

AVEC FACILITÉ DE S'ARRÊTER AUX PRINCIPAUX POINTS DU PARCOURS, SOIT EN FRANCE, SOIT A L'ÉTRANGER

VOYAGE en BELGIQUE et dans le NORD de la FRANCE

Première classe, 91 fr. 15. — Deuxième classe, 68 fr. 55

On délivre des billets pour ce voyage :

A Paris. — A la gare du Nord.

Dans les Départements. — Aux gares de Lille, d'Amiens, Rouen, Martainville, Douai et Saint-Quentin.

VOYAGE en BELGIQUE et en HOLLANDE

Première classe, 123 fr. 70. — Deuxième classe, 92 fr. 60

On délivre des billets pour ce voyage :

A Paris. — A la gare du Nord.

Dans les Départements. — Aux gares d'Amiens, Rouen, Douai et Saint-Quentin.

Chaque billet donne droit au transport gratuit de 25 kilog. de bagages sur tout le parcours (excepté sur les chemins de fer de l'État belge).

VOYAGE CIRCULAIRE

A PRIX RÉDUITS

POUR VISITER

Les VOSGES et BELFORT

Avec séjour facultatif dans toutes les villes du parcours

PRIX DES BILLETS VALABLES PENDANT VINGT JOURS :
1re classe, 85 fr. — 2e classe, 65 fr.

On délivre des billets du 15 mai au 15 octobre

1er ITINÉRAIRE

Départ par la ligne de Paris à Épernay et Nancy, et retour par celle de Lure, Belfort, Troyes, Paris.

Paris, Épernay, Nancy-Épinal ou Nancy-Lunéville-Saint-Dié-Fraize-Gérard-mer-Arches, Remiremont, Cornimont, Saint-Maurice-Bussang, Bains, Aillevillers, Plombières, Val-d'Ajol, Faymont, Luxeuil-les-Bains, Lure, Giromagny, Belfort, Port-d'Atelier-Amance, Langres, Chaumont, Troyes, Paris.

2e ITINÉRAIRE

Départ par la ligne de Paris à Troyes, Lure, Belfort, et retour par celle de Nancy à Épernay et Paris, en passant par les mêmes points que ci-dessus, mais dans l'ordre inverse.

Les voyageurs ont droit au transport gratuit de 30 kilogrammes de bagages. Les voyageurs des embranchements devront se rendre auxdites stations et rentrer à leur point de départ à leurs frais.

BILLETS ALLER ET RETOUR

DE PARIS A BALE

A LUCERNE, A ZURICH ET A VENISE

Pendant la saison d'été, jusqu'au 15 octobre, la Compagnie fait délivrer des billets aller et retour de **Paris à Bâle**, à **Lucerne**, à **Zurich** et à **Venise**, *via* Belfort, Petit-Croix, ou *via* Belfort, Delle*.

De Paris à :	1re classe.	2e classe.	Validité.
Bâle et retour	106 05	79 35	30 jours
Lucerne et retour	124 30	92 95	60 —
Zurich et retour	123 55	92 30	60 —
Venise et retour	189 »	137 »	30 —

Les billets sont personnels et ne peuvent être transférés.

Les voyageurs ont droit au transport gratuit de 30 kilog. de bagages sur tout le parcours, excepté pour les billets de Venise, où cette gratuité n'est accordée que sur le parcours français seulement.

* Ces billets ne donnent pas au voyageur le droit de s'arrêter aux gares intermédiaires situées sur le parcours de Paris-Bâle.